中华国学经典精粹

大学·中庸

[战国] 曾参 子思 著
严亚珍 译

北京联合出版公司

图书在版编目（CIP）数据

大学·中庸 /（战国）曾参，（战国）子思著；严亚珍译．
—北京：北京联合出版公司，2015.7（2022.8 重印）
（中华国学经典精粹）
ISBN 978-7-5502-4339-2

Ⅰ．①大… Ⅱ．①曾… ②子… ③严… Ⅲ．①儒家 ②大学
—通俗读物③中庸—通俗读物 Ⅳ．① B222.1-49

中国版本图书馆 CIP 数据核字（2014）第 313637 号

大学·中庸

作　　者：曾　参　子　思
责任编辑：王　巍
封面设计：颜　森

北京联合出版公司出版
（北京市西城区德外大街 83 号楼 9 层　100088）
北京华夏墨香文化传媒有限公司发行
三河市东兴印刷有限公司印刷　新华书店经销
字数 130 千字　880 毫米 ×1230 毫米　1/32　5 印张
2019 年 5 月第 3 版　2022 年 8 月第 15 次印刷
ISBN 978-7-5502-4339-2
定价：36.00 元

《大学》《中庸》《论语》《孟子》并称为“四书”，皆为儒家经典著作。其中，《大学》《中庸》收录在《礼记》中，宋代以前并没有独立成编。南宋理学家朱熹首次将《大学》《中庸》《论语》《孟子》汇集起来，同时还为其作章句集注，编纂成《四书章句集注》一书，此书对后世产生了深远的影响。而本书选取“四书”中的《大学》《中庸》两本进行解读，希望对读者能够有所帮助。

《大学》以修身为核心，提出“自天子以至于庶人，壹是皆以修身为本”，同时指出格物、致知、诚意、正心是修身的主要方法。强调在修身养性的过程中，不仅需要内省，而且还要同外物相接，穷究物理而获得知识，培养道德品性，完善人格。当然，《大学》强调修身的目的在于引导人们实现齐家、治国、平天下的志向，其中尤为重要的是以德为本。

《中庸》是儒家重要典籍，它同《易经》一样，都是儒家的理论渊薮。不过《易经》的影响要比《中庸》大，涵盖范围广，而《中庸》是宋朝以后儒家学者们研读的重点，它强调“诚”，认为“诚”是实现“中庸之道”的关键。

儒学，特别是理学，许多概念、命题出自《中庸》，许多理学大家持守《中庸》的信条，许多儒者用《中庸》的方法论思考。甚至可以说，《中庸》对中华文明的形成有着深远的影响。

本书将《大学》《中庸》整合编撰成了《大学·中庸》，其中蕴含很多先圣哲人对生命价值的反思和体验，有着很高的阅读和收藏价值。

本书内容由四部分组成：原文、注释、译文、读解。原文主要参照了中华书局版本，注释简要明了，读解到位，对读者有很好的启迪作用。

鉴于本书编辑经验有限，书中难免有错误、疏漏之处，还望读者批评指正，我们将不胜感激。

目录

大学

中庸

大学

第一章

【原文】

大学之道[①]，在明明德[②]，在亲民[③]，在止于至善。知止[④]而后有定，定而后能静，静而后能安，安而后能虑，虑而后能得[⑤]。物有本末，事有终始。知所先后，则近道矣。

古之欲明明德于天下者，先治其国；欲治其国者，先齐其家[⑥]；欲齐其家者，先修其身[⑦]；欲修其身者，先正其心；欲正其心者，先诚其意；欲诚其意者，先致其知[⑧]；致知在格物[⑨]。

物格而后知至，知至而后意诚，意诚而后心正，心正而后身修，身修而后家齐，家齐而后国治，国治而后天下平。

自天子以至于庶人[⑩]，壹是皆以修身为本[⑪]。其本乱而末[⑫]治者否矣。其所厚者薄，而其所薄者厚[⑬]，未之有也[⑭]！

【注释】

①大学之道："大学"一词在古代的应用中共有两种含义：其一，表示某个人学识渊博，有"博学"的意思；其二，"大学"在古代是相对于小学而言的，也就是"大人之学"。古人从八岁开始上小学，学习基础的文化知识和礼节，包括"洒扫应对进退，礼乐射御书数"等内容；长到十五岁时便进入大学，开始学习伦理、政治、哲学等内容，主要是一些"穷理正心，修己治人"的学问。所以，"大学"的两种解释之间也有词义相通的地方，两者都是表达"博学"的意思。而本句中的"道"，原本是指道路，有时也可以引申为规律、原则等，在中国古代哲学、政治学的研究中，也可以表示宇宙万物的本原、个体，一定的政治观或思想体系等，因此，在不同的文章中，解释"道"的含义时应该联系上下文的具体内容，解释成更为贴切的含义。

②明明德：前一个"明"是动词，有使动意味，可以解释为"使彰明"，其实就是发扬、弘扬的意思。而后一个"明"则是形容词，明德的真正含义应该是光明正大的品德。

③亲民：这个词语我们不能从字面意思去理解，应该结合后面的“传”文进行理解。“亲”应解释为“新”，也就是革新、弃旧图新的意思。亲民，可以解释为新民，使人弃旧图新、去恶扬善。

④知止：知道目标所在。

⑤得：收获。

⑥齐其家：管理好自己的家庭或家族，使家庭或家族和和美美，蒸蒸日上，兴旺发达。

⑦修其身：修养自身的品性。

⑧致其知：使自己获得更多的知识。

⑨格物：认识、研究世间的万事万物。

⑩庶人：指平民百姓。

⑪壹是：都是。本：根本。

⑫末：相对于本而言，指枝末、枝节。

⑬厚者薄：该重视的不重视。薄者厚：不该重视的却加倍重视。

⑭未之有也：即未有之也。应该译为没有这样的道理（事情、做法等）。

【译文】

大学的宗旨在于弘扬光明正大的品德，在于使

人能够弃旧图新，使人能够达到最完善的境界。我们应该知道自己想要达到的境界，只有这样才能让自己志向坚定；让自己镇静不焦躁，心安理得，思虑周详，最终能够有所收获。任何事物都有根本有枝节，每件事情都有开始有终结。我们只有弄清楚事情的本末始终，才能更加接近事物发展的规律。

古代所有想在天下弘扬光明正大品德的人，都要先学会治理好自己的国家；可是要想学会管理自己的国家，先要管理好自己的家庭和家族；要想管理好自己的家庭和家族，最先要做的就是修养自身的品性；要想修养自身的品性，应该先端正好自己的心思；要想端正自己的心思，先要学会使自己意念真诚；要想使自己意念真诚，应该先使自己学会获得知识；而让自己获得知识的最重要途径就是学会认识，研究万事万物。

所以，换句话说，我们只有正确地认识了万事万物，将其研究透彻后才能获得更多的知识；也只有获得知识后才能让自己的意念更为真诚；意念真诚后心思才能端正；心思端正了才能让自己更好地修养品性；只有品性修养好了才能更好地管理自己的家庭和家族；学会管理家庭和家族的方法后才能用于治理

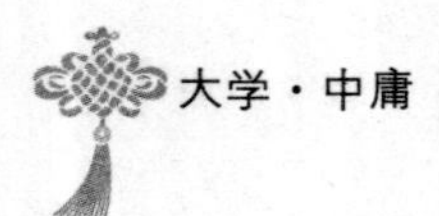

自己的国家；只有掌握了治理好国家的方法，才能让国人过上太平富足的生活。

上到国家领导，下至平民百姓，每个人都应该将修养品性作为学习的根本。假如这个根本被扰乱了，那么无论是家庭、家族还是国家、天下，都不可能治理得更好。同样的道理，假如一个人做事不分轻重缓急，本末倒置，根本不可能将事情做到最好！

【读解】

这段话所讲述的是儒学中对“三纲八目”的追求。古人所谓的“三纲”，大多是指明德、新民、止于至善这三部分。《大学》将“三纲”作为自己的主旨，同时也是儒学之所以能够“垂世立教”的根本。而所谓的“八目”，则是指格物、致知、诚意、正心、修身、齐家、治国、平天下。它是为达到“三纲”的要求而列举出的条目，同时也是儒学大家们为后人进修设计出的阶梯。纵览古书，我们不难发现，儒家几乎所有的学说大多都遵循着“三纲八目”的要求而展开。所以，我们在学习儒学的过程中，最重要的是抓住“三纲八目”的要点，这样就等于拿到了打开儒学大门的钥匙。

就研究儒学而言，主要包括“内修”和“外治”两大方面。“八目”中前面的四级“格物、致知、诚意、正心”强调的是“内修”；后面的三级“齐家、治国、平天下”则强调的是“外治”。而中间的“修身”一环，则成了连接“内修”和“外治”的枢纽，它和前面的“内修”相连接，便可以“独善其身”；它和后面的“外治”相连接，便可实现“兼善天下”的理想。两千多年来，中国很多知识分子在儒学思想的影响下，将“穷则独善其身，达则兼善天下”作为自己的毕生信条。时至今日，这样的儒学思想仍然发挥着重要作用，潜移默化地影响着我们。

第二章

【原文】

《康诰》[①]曰：“克[②]明德。”《大甲》[③]曰：

“顾諟天之明命[④]。”《帝典》[⑤]曰：“克明峻德。”[⑥]皆[⑦]自明也。

【注释】

①《康诰》：这是《尚书·周书》中的一篇重要文章。《尚书》主要负责记录古代历史文献，将古代事迹的文章进行整理汇编，因此也成为“五经”之一，被称为“书经”。全书共分为四部分，分别是《虞书》《夏书》《商书》《周书》。

②克：能够。

③《大甲》：即《太甲》，是收录在《尚书·商书》中的一篇文章。

④顾：思念。諟（shì）：此。明命：光明的禀性。

⑤《帝典》：即《尧典》，收录在《尚书·虞书》中。

⑥克明峻德：在《尧典》中的原句是“克明俊德”。俊：与“峻”为通假字，译为崇高。

⑦皆：都，指前面所引的几句话。

【译文】

《尚书·康诰》中记载：“能够弘扬光明的品

德。”《尚书·太甲》中也曾经说过：“念念不忘上天赋予人类的光明禀性。”《尚书·尧典》中记叙：“能够弘扬崇高的品德。”所有的这些典故，讲的都是要自己弘扬光明正大的品德。

【读解】

这是“传”的第一章，同时也是对“经”中所讲述的“大学之道，在明明德”这句话的论证，强调从夏、商、周时期开始，人类便讲究弘扬人性中光明正大的品德。当然，这样的论调也不是凭空捏造的，有书为证。《三字经》中就有记载：“人之初，性本善；性相近，习相远；苟不教，性乃迁。”说的就是所有的人本性都是善良无害的，只不过很多人因受到后天成长环境的影响，或者受教育程度的限制，最终人与人之间产生了很多不同，甚至有的人还生出了很多恶劣的品质。为此，儒家贤能志士们强调孩子在成长过程中一定要注重后天环境和教育的作用。这样的论调在“四书五经”的开篇就已经提出，而且《大学》所强调的就是弘扬人性中光明正大的品德，让每个人都可以达到最完美的境界。

用我们今天的眼光来看，“在明明德”的主旨就是加强自身的道德修养，发掘、弘扬个人本性中善良的一面，压制甚至摒弃邪恶的一面。

当然，这样的言论和思想不仅受古代的先儒们尊崇，我们今天依然大力提倡，比如“五讲四美三热爱”“培养四有新人”等，这些都是“在明明德”中所强调的弘扬人性中光明正大的品德。

第三章

【原文】

汤之《盘铭》[①]曰：“苟日新[②]，日日新，又日新。”《康诰》曰：“作新民[③]。”《诗》曰：“周虽旧邦，其命惟新。”[④]是故君子无所不用其极。[⑤]

【注释】

①汤：即成汤，是商朝的开国君主。《盘铭》：将用于警诫自己的名言刻在某种器皿上。这里的盘说

的是商汤用来洗澡的盆。

②苟：如果。新：本义是指洗澡除去自己身体上的污垢，让自己焕然一新，而在文章中的引申义则是指让自己在精神上弃旧图新。

③作：振作，激励。新民：也就是“经”里面所讲的“亲民”，实应为“新民”，意思是使新，也就是使人弃旧图新，去恶从善。

④周虽旧邦，其命惟新：这里的《诗》指《诗经·大雅·文王》。周：周朝。旧邦：指旧国。其命：指的是周朝所禀受的天命。惟：助词，没有实际意义。

⑤是故君子无所不用其极：所以品德高尚的人处处追求完善。是故：所以。君子：有时指的是贵族，有时也用来指那些品德高尚的人，具体含义应该联系上下文的语境翻译成不同的意思。

【译文】

商汤王为了警诫自己，将箴言刻在了自己的洗澡盆上，写道：“如果能够一天新，就应该保持天天新，而且新了还要更新。”《康诰》中也说过：“激励人弃旧图新。”《诗经》中也有过记载：

“周朝虽然是一个旧国，却禀受了新的天命。”所以，品德高尚的人无论做什么事情，都会追求完善。

【读解】

如果说“在明明德”的提出是从相对静态的方面要求我们弘扬人性中光明正大的品德的话，那么，《大学》中记载的“苟日新，日日新，又日新”则是从动态的角度来强调我们应该不断革新，加强思想创新。“苟日新，日日新，又日新”的格言被商汤王刻在了平时常用的洗澡盆上。其实这件事本来说的是洗澡的问题：假如我们今天把身上的污垢都洗干净了，那么以后就应该天天洗干净，而且要一天天地坚持下去。这件事引申出来，说的就是精神上的洗礼、品德上的修炼、思想上的改造，应该像洗澡一样，天天坚持。

其实，我们的一生中，不仅要让自己的身体洗澡，精神上也应该多洗洗，《礼记·儒行》中说过“澡身而浴德”，《庄子·知北游》一篇说的也是这个道理。

第四章

【原文】

《诗》云："邦畿千里，惟民所止。"[1]《诗》云："缗蛮黄鸟，止于丘隅。"[2]子曰："于止，知其所止，可以人而不如鸟乎！"《诗》云："穆穆文王，於缉熙敬止！"[3]为人君，止于仁；为人臣，止于敬；为人子，止于孝；为人父，止于慈；与国人交，止于信。

《诗》云："瞻彼淇澳，绿竹猗猗。有斐君子，如切如磋，如琢如磨。瑟兮僩兮，赫兮喧兮。有斐君子，终不可諠兮！"[4]如切如磋者，道[5]学也；如琢如磨者，自修也；瑟兮僩兮者，恂慄[6]也；赫兮喧兮者，威仪也；有斐君子，终不可諠兮者，道盛德至善，民之不能忘也。

《诗》云："於戏！前王不忘。"[7]君子贤其贤而亲其亲，小人乐其乐而利其利，此以没世[8]不忘也。

【注释】

①邦畿（jī）千里，惟民所止：引自《诗经·商颂·玄鸟》。邦畿：都城及其周围的地区。止：有到、停止、居住、栖息等多种含义，解释该词应该联系上下文的内容，结合语境。此处指居住。

②缗（mín）蛮黄鸟，止于丘隅：引自《诗经·小雅·绵蛮》。缗蛮：即绵蛮，是一种鸟的叫声。止：栖息。隅：角落。

③“穆穆”句：引自《诗经·大雅·文王》。穆穆：仪表美好端庄的样子。於（wū）：是一个叹词，没有实际意义。缉：继续。熙：光明。止：语助词，无实际意义。

④“瞻彼”句：这几句诗引自《诗经·卫风·淇（qí）澳》。淇：指淇水，在今河南北部。澳：水边。斐：文采。瑟兮僩（xiàn）兮：庄重而胸襟开阔的样子。赫兮喧兮：显耀盛大的样子。諠（xuān）：遗忘。

⑤道：说话，言语。

⑥恂（xún）慄：恐惧，戒惧。

⑦於戏！前王不忘：引自《诗经·周颂·烈

文》。於戏：叹词。前王：指的是周文王、周武王。

⑧此以：因此。没世：去世。

【译文】

《诗经》说："京城及其周围，都是当朝老百姓居住的地方。"《诗经》中又说："一直在绵蛮叫着的黄鸟，它们栖在山冈上。"孔子说过："连黄鸟都知道自己应该栖在什么样的地方，难道我们人类还不如一只鸟儿吗？"《诗经》中讲："品德高尚的文王啊，他一生为人光明磊落，做事更是庄重谨慎。"要想做个合格的国君，必须要仁爱；做臣子的，就应该恭敬；做子女的，就要孝顺自己的父母；做父亲的，对子女要慈爱；和他人交往时，应该讲信用。

《诗经》里也说："看那淇水弯弯的岸边，嫩绿的竹子长得郁郁葱葱。有一位文质彬彬的君子，专心地研究学问，就好像加工骨器一般细致，不断切磋；修炼自己就好像打磨一块美玉，反复琢磨。他看起来庄重而又开朗，仪表堂堂，一表人才。如此文质彬彬的君子，真让人难以忘怀啊！"这里所

说的“好像加工骨器一般，不断切磋”，就是指我们做学问的态度；而《诗经》里所说的“如打磨美玉，反复琢磨”，则是指自我修炼的精神；说他“庄重而开朗”，是指此人内心谨慎，无论做什么事情都有所戒惧；说他“仪表堂堂”，是指此人看起来很威严；“这样一个文质彬彬的君子，可真是令人难忘啊”，说的是此人品德高尚，达到了完善的境界，所以让人难以忘怀。

《诗经》里也说：“啊，前代的君王真让人难忘啊！”之所以出现这样的状况，是因为君主贵族们大多将前代贤德的君王作为榜样，尊重贤人，亲近亲族，对百姓也是广施恩惠，使百姓享受安乐，获得最大的利益。所以，虽然前代君王们都已经去世，但后世的人们仍然尊敬爱戴他们。

【读解】

这一段主要讲的是“在止于至善”的道理。要想真正地理解这个道理，首先应该知道的就是“知其所止”，即知道自己应该在什么地方停留。俗话说：“人往高处走，水往低处流。”鸟儿休息的时候，尚且知道寻找一个较大的林子，为什么人不知道自己应该在什么地方停留呢？所以，“邦畿千里，惟民所止”。说的就是大都市及其郊区自古便是人们向往聚集的地方。不过这只是我们的身体寻找到“知其所止”的地方，并不是经义所讲的真正道理。经义所讲的“知其所止”，真正的“止”在于“至善”。

可是“至善”的境界并不是那么容易就达到的，不同的人有不同的方式，最后实现的无非就是“如切如磋，如琢如磨”，经过不懈努力，最终达到“盛德至善，民之不能忘也”，成为能够流芳百世的人。当然，这也是一种理想主义和英雄主义教育：追求不朽，崇尚伟大，有朝一日成为令人敬仰的英雄。对于当今的读者来说，这样的论调不具有普适性，倒是文中的“知其所止”，即找准自己的位置，知道自己应该做些什么，对年轻人具有重要的启发意义。

第五章

【原文】

子曰："听讼，吾犹人也，必也使无讼乎！"[①] 无情者不得尽其辞。[②]大畏民志[③]，此谓知本。

【注释】

①"听讼"句：该句引自《论语·颜渊》。听讼：听诉讼，也就是审案子的意思。犹人：和别人一样。

②"无情"句：使隐瞒真实情况的人不能够花言巧语地骗人。

③民志：民心，人心。

【译文】

孔子说："听诉讼审理案件，我和别人是一样的方法，目的就在于使诉讼的案件不再发生。"使隐瞒真实情况的人不敢再胡言乱语，使人心畏服，这才叫抓住了事情的根本。

【读解】

这段话阐述的是“物有本末，事有终始”的道理，强调做任何事情都要抓住根本。审案的根本目的就是让类似的案子不再发生，这正如“但愿世间人无病，何愁架上药生尘”的道理一样。

其实，说到底，这个道理只不过是一个教化与治理的问题，教化是本，治理是末。基于这样的思想，我们便可理解《大学》中所强调的修身为本的道理，而那些所谓的齐家、治国、平天下，也不过是在修身的基础上延伸的“末”而已。

第六章

【原文】

此谓知本。[①]

所谓致知在格物者，言欲致吾之知，在即物而穷[②]其理也。盖人心之灵莫不有知，而天下之

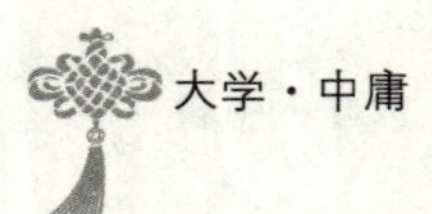

物莫不有理，惟于理有未穷[3]，故其知有不尽也。是以《大学》始教，必始学者即凡天下之物，莫不因其已知之理而益[4]穷之，以求至乎其极。至于用力之久，而一旦豁然贯通焉，则众物之表里精粗无不到，而吾心之全体大用无不明矣。此谓物格。此谓知之至也。

【注释】

①这一章的原文只有“此谓知本”“此谓知之至也”这两句话。朱熹在编写时认为，“此谓知本”一句本是上一篇文章的衍文，而在前句话后面接“此谓知之至也”一句，似乎有些突兀，好像缺少了什么。于是，朱熹便根据上下文关系，在中间重新补充了一段文字。我们这里所选的，就是朱熹后来补充的那段文字。

②即：接近，接触。穷：穷究，彻底研究。

③未穷：未穷尽，不彻底。

④益：更加。

【译文】

很多人说获得知识的途径在于万事万物，换句话说，想要获得更多的知识，就必须接触想要了解的事物，并且对其进行彻底的研究。

每个人都具有一定的认识能力，而天下的万事万物也都有自身的发展规律和原理，只不过我们还没有彻底地弄清楚这些原理，所以才显得我们所得知的知识有限。因此，《大学》开篇便教育我们，要想学习更多的知识，就必须多接触天下的万事万物，用自己已经具备的知识对其进行更深层次的探究，最终彻底地弄清楚我们所研究的事物的原理。

只要我们能够长期努力，总有一天会豁然贯通。到那时，任何事物我们都可以里外巨细地弄清楚，同时也可以将自己所掌握的知识发挥到淋漓尽致，再也没有闭塞之处。这才是对万事万物做真正的认识和研究，才能称得上知识达到了顶点。

【读解】

格物致知——通过对事物的认识和研究而获得想要了解的知识，而不是通过对某本书的查阅而获得知识。这样的认识论具有实践意义，彻底打破了对儒家后学死啃书本的误解。

宋朝以后，“格物致知”成为中国哲学理论

的重要范畴，到清朝末年，该理论被重新定义，同时被简化为“格致”。鲁迅曾在《呐喊自序》中写道：“在这学堂里，我才知道在这世上，还有所谓格致，算学，地理，绘图和体操。”这从某种意义上表明“格物致知”对当时中国社会的深刻影响。

简而言之，所谓的“格物致知”，就是倡导实践，强调用实际行动去论证“实践是检验真理的唯一标准”和“实践是认识的唯一源泉”的道理。

第七章

【原文】

所谓诚其意[①]者：毋[②]自欺也。如恶恶臭[③]，如好好色[④]，此之谓自谦[⑤]。故君子必慎其独[⑥]也！

小人闲居[⑦]为不善，无所不至，见君子而后厌然[⑧]，掩[⑨]其不善，而著[⑩]其善。人之视己，如见其肺肝然，则何益矣。此谓诚于中[⑪]，形于外。

故君子必慎其独也。

曾子曰："十目所视，十手所指，其严乎！"富润屋[12]，德润身[13]，心广体胖[14]。故君子必诚其意。

【注释】

①诚其意：使其意念真诚。

②毋：不要。

③恶恶臭（xiù）：讨厌腐臭的气味。臭：难闻的气味，和现如今臭味的含义相比，更为宽泛一些。

④好好色：喜爱美丽的女子。好色：美女。

⑤谦（qiè）：通"慊"，形容心安理得的样子。

⑥慎其独：在独自一人时也小心谨慎，一丝不苟，不敢有丝毫懈怠。

⑦闲居：独处的意思。

⑧厌然：形容躲躲闪闪的样子。

⑨掩：遮掩，掩盖。

⑩著：显示。

⑪中：指内心。下面的"外"指外表。

⑫润屋：装饰自己的房屋。

⑬润身：修身养性。

⑭心广体胖（pán）：心胸宽广，身体舒泰安康。胖：大，舒坦。

【译文】

使自己意念真诚，就是教育我们不能自欺欺人。要像厌恶腐臭的气味一样，或者像喜爱美丽女人那样，所有的思想都要发自内心。所以，品德高尚的人即便是独处，也要小心谨慎。

品德低下的人独处时往往无恶不作，与那些品德高尚的人相遇，便自惭形秽，躲躲闪闪，为了掩盖自己的坏行为而自吹自擂。殊不知，别人看到这样的你，就好像直接看到了你的心肺肝脏一样清清楚楚，再做过多的掩盖又有什么用呢？这就叫作内心的真实想法一定会表现到自己的外表上来。所以，那些品德高尚的人哪怕是在独处的时候，也必定小心而谨慎。

曾子曾经说：“十只眼睛盯着，十只手指着，这样的状况难道不令人畏惧吗？”财富可以用来装饰自己的住所，品德却可以修养个人身心，使心胸宽广而身体舒泰安康。所以，要想成为品德高尚的人，就必须使自己意念真诚。

【读解】

要想做到真诚，最重要的事情同时也是对人最大的考验便是“慎其独”，即个人独处时能够做到小心而谨慎。简而言之，就是在人前人后能够一个样，人前表现得真诚，人后也能真诚相待，所有的事情都发自肺腑，出自真心，真实无欺。

俗话说：“若要人不知，除非己莫为。”自欺欺人、掩耳盗铃的事情，终归会有东窗事发的一天。真诚待人处事，时刻审慎自身言行，才能活得坦荡潇洒，一身轻松。

第八章

【原文】

所谓修身在正其心者，身[①]有所忿懥[②]，则不得其正；有所恐惧，则不得其正；有所好乐，则不得其正；有所忧患，则不得其正。

心不在焉，视而不见，听而不闻，食而不知其味。此谓修身在正其心。

【注释】

①身：在程颐的思维中，应解释为“心”。

②忿懥（zhì）：愤怒。

【译文】

之所以说要修养自身的品性，最重要的事情就是先端正自己的心思，是因为内心积存着愤怒就不可能端正自己的思想；心存恐惧也不可能端正；心里受喜好的影响也不能端正；心存忧虑也不能端正。

心思不能端正，就好像心不是自己的一样：虽然你一直在看，却仍然看不到什么实际的东西；虽然在听，却好像听不到声音一样；虽然嘴里吃着东西，但食不知味，根本不知道是什么味道。所以说，要想修养自身的品性，首先要做的就是端正自己的心思。

【读解】

正心，是继诚意之后，自身修养的更上一层阶梯。

诚意，是意念真诚，不自欺欺人。但是，只有诚意是远远不够的，因为诚意很容易被喜、怒、哀、乐、惧等情绪所支配，使你成为感情的奴隶。

所以，“诚其意”之后，最重要的就是“正其心”，也就是要学会端正自己的心思，驾驭自己的感情，以保持平和的心态，这样才能集中精神，修养自身品性。

这里需要注意的是，理与情、正心和诚意不能对立，要做到相互融合。有人曾说过：喜、怒、哀、乐、惧等都是人心中必备的感情因素。但是，一旦我们自察不及时，任凭其左右自己的行动，便会失去端正的心态。在正心的同时，我们不应完全摒弃自己的情欲，也不需要绝对禁欲。只要学会用理智来支配、驾驭自己的感情，使自己的心思不被情欲所控制，就能做到情理和谐地修养自身的心性。

第九章

【原文】

所谓齐其家在修其身者，人之其所亲爱而辟[①]焉，之其所贱恶而辟焉，之其所畏敬而辟焉，之其所哀矜[②]而辟焉，之其所敖惰[③]而辟焉。故好而知其恶，恶而知其美者，天下鲜矣！故谚有之曰："人莫知其子之恶，莫知其苗之硕[④]。"此谓身不修不可以齐其家。

【注释】

①之：即"于"，对于。辟：偏颇，偏向。

②哀矜：同情，怜悯。

③敖：骄傲。惰：怠慢。

④硕：大，肥壮。

【译文】

我们强调要管理好自己的家庭和家族，首先要做的事情就是修养自身，因为人们对于自己喜欢的人往往有所偏爱，而对于那些自己讨厌的人就会产生偏恨；对于自己敬服的人就会偏向；对于那些自己较为同情的人就会有偏心；对于自己轻视的人就会产生偏见。因此，喜爱某个人同时又知道他的缺点，厌恶某个人同时又知道他的优点，这样的人天下很少见了。因此便有谚语说："人都不知道自己孩子的坏，人都不满足自己庄稼的好。"这句话所讲述的就是不修养自身便不能管理好自己的家庭和家族的道理。

【读解】

这段话强调的是，要想克服感情上的偏私，就要修养自身；只有学会正己，才能做到正人。

儒学中修养身心的阶梯由内向外展开，我们这里所讲述的就是中间过渡的环节。在此之前所讲述的格物、致知、诚意、正心都属于自我修养的范畴，此后所强调的齐家、治国、平天下，便是处理人与人之间的关系，从家庭走向社会，由独善其身最终转向兼济天下。当然，其修养的程序也必然是由内向外逐步推进的。

第十章

【原文】

所谓治国必先齐其家者，其家不可教而能教人者，无之。故君子不出家而成教于国。孝者，所以事君也；悌[①]者，所以事长也；慈[②]者，所以使众也。

《康诰》曰:“如保赤子。”[③]心诚求之，虽不中[④]不远矣。未有学养子而后嫁者也!

一家仁，一国兴仁；一家让，一国兴让；一人贪戾，一国作乱。其机[⑤]如此。此谓一言偾[⑥]事，一人定国。

尧、舜[⑦]帅[⑧]天下以仁，而民从之；桀、纣[⑨]帅天下以暴，而民从之。其所令反其所好，而民不从。是故君子有诸[⑩]己而后求诸人，无诸己而后非诸人。所藏乎身不恕[⑪]，而能喻[⑫]诸人者，未之有也。故治国在齐其家。

《诗》云:“桃之夭夭，其叶蓁蓁。之子于归，宜其家人。”[⑬]宜其家人，而后可以教国人。

《诗》云："宜兄宜弟。"[14]宜兄宜弟，而后可以教国人。《诗》云："其仪不忒，正是四国。"[15]其为父子兄弟足法，而后民法之也。此谓治国在齐其家。

【注释】

①悌（tì）：指家庭中弟弟和哥哥之间的关系，弟弟应该尊重哥哥。

②慈：指父母和子女的关系，父母应该关爱子女。

③如保赤子：《尚书·周书·康诰》原文应该是"若保赤子"。这是周成王对康叔的告诫，意思是作为国家的领导者应该保护平民百姓，就像母亲爱护自己的孩子一样。赤子：婴孩。

④中：达到目标。

⑤机：本意是指弩箭上的发动机关，可以引申为关键。

⑥偾（fèn）：败，坏。

⑦尧、舜：传说中父系氏族社会后期部落联盟的两位领袖，即尧帝和舜帝，历来被当作圣君的代表人物。

⑧帅：同“率”，率领，统率。

⑨桀（jié）：夏朝最后一位君主。纣：即殷纣王，是商朝最后一位君主。两个人都被认为是暴君的代表人物。

⑩诸：“之于”的合音。

⑪恕：即恕道。孔子曾经说过：“己所不欲，勿施于人。”意思就是，自己不想做的，也不要强加给别人。儒学所倡导的恕道便是这种推己及人、将心比心的品德。

⑫喻：使别人明白。

⑬“桃之夭夭”句：引自《诗经·周南·桃夭》。夭夭：鲜嫩，美丽。蓁（zhēn）蓁：形容植物繁茂的样子。之子：这个（之）女子（子）。于归：女子出嫁的意思。

⑭宜兄宜弟：引自《诗经·小雅·蓼萧》。

⑮“其仪不忒”句：引自《诗经·曹风·鸤鸠》。仪：仪表，仪容。忒：差错的意思。

【译文】

之所以说要想治理好国家就必须先学会管理自己的家庭和家族，是因为连自己家人都不能管教好而能管教好别人的人，是不存在的。所以，那些有修养的人不出家门就受到了严格的教育，学习治理国家的方法。比如，对父母的孝敬，可以用来侍奉君主；对兄长的恭敬，则可以用于侍奉官长；父母对子女的慈爱，则可以用于统治民众。

《康诰》中曾经说过："如同爱护婴儿一样。"让自己的内心真诚地去追求，即便没有达到目标，必然也不会差得太多。要知道，世界上很少有先学会养孩子再出嫁的人啊！

一家仁爱，那么国家的人民也会互相仁爱；一家礼让，那么一国的子民也能互相礼让；假如有一人贪婪暴戾，那么很多国人就会效仿，很可能犯上作乱，扰乱国家纲纪。其实，家族和国家的联系就是这样紧密，这就叫作一句话有可能坏事，一个人也有可能安定国家。

尧、舜提倡仁爱治国，那么全国百姓也跟着提倡仁爱；桀、纣用凶暴的方法统治天下，那么全国的老百姓也学着统治者的样子，彼此大打出手，奸诈度日。由此可见，假如统治者发布的命令与自己的实际做法截然相反，那么国家的百姓必然不会服从。所以，品德高尚的人总是自己先做到，然后才

对他人提出同样的要求；不可能自己都无法做到更好，反而要求别人做好。不采取这种推己及人的恕道，却想让他人永远按照自己的想法去做，那是不可能实现的事情。所以，要想治理好自己的国家，就必须先学会管理好自己的家庭和家族。

《诗经》中说过："桃花鲜美，树叶茂密。这个姑娘出嫁了，让全家人都和睦。"只有全家人都和睦，才能户户和睦，最终国人和睦。《诗经》中也说："兄弟和睦。"只有兄弟间和睦相处，周边的人才能学习这种和睦相处的方式，最终国人都和睦相处。《诗经》中还曾说："容貌举止庄重严肃，成为四方国家的表率。"一个人无论承担着什么样的角色，比如作为父亲、儿子还是兄长、弟弟，都能做到和睦相处，才能让大家效法，老百姓自然也会效法他。这就是治理好国家的必要条件。

【读解】

国家，单从字面来看，国和家的关系就已经如此紧密，就好像血肉相连的两个人，密不可分。尤其是在以家族为中心的宗法制社会中，家庭就像是一个小小的国，而家庭中的掌权者就像一个国家的君主。国家从某种意义上来说，更像是一个大家庭，而国王则是这个大家庭中的家长。因此，无论是国王还是某个家族中的家长，都拥有生杀予夺的至高权力。这才有了君君、臣臣、父父、子子的规范贯穿着整个国与家，也正因为如此，我们才能真正地理解"治国必先齐家"的道理。

第十一章

【原文】

所谓平天下在治其国者，上老老[①]而民兴孝，上长长[②]而民兴弟，上恤孤[③]而民不倍[④]。是以君子有絜矩之道[⑤]也。

所恶于上，毋以使下；所恶于下，毋以事上；所恶于前，毋以先后；所恶于后，毋以从前；所恶于右，毋以交于左；所恶于左，毋以交于右。此之谓絜矩之道。

《诗》云："乐只君子，民之父母。"[⑥]民之所好好之，民之所恶恶之。此之谓民之父母。《诗》云："节彼南山，维石岩岩。赫赫师尹，民具尔瞻。"[⑦]有国者不可以不慎。辟则为天下僇[⑧]矣。《诗》云："殷之未丧师，克配上帝。仪监于殷，峻命不易。"[⑨]道得众则得国，失众则失国。

是故君子先慎乎德。有德此[⑩]有人，有人此有土，有土此有财，有财此有用，德者，本也；财者，末也。外本内末，争民施夺[⑪]。是故财聚则民散，财散则民聚。是故言悖[⑫]而出者，亦悖而入。货悖而入者，亦悖而出。

《康诰》曰："惟命不于常。"道善则得之，不善则失之矣。《楚书》曰："楚国无以为宝，惟善以为宝"[⑬]舅犯曰："亡人无以为宝，仁亲以为宝。"[⑭]

《秦誓》[⑮]曰："若有一个臣，断断[⑯]兮，无他技，其心休休[⑰]焉，其如有容[⑱]焉。人之有技，若已有之。人之彦圣[⑲]，其心好之，不啻[⑳]若自其口出，实能容之。以能保我子孙黎民，尚亦有利哉！人之有技，媢疾[㉑]以恶之。人之彦圣，而违之俾[22]不通，实不能容。以不能保我子孙黎民，亦曰殆哉！”唯仁人放流[23]之，迸诸四夷[24]，不与同中国[25]。此谓唯仁人为能爱人，能恶人。见贤而不能举，举而不能先，命[26]也。见不善而不能退，退而不能远，过也。好人之所恶，恶人之所好，是谓拂[27]人之性，灾必逮[28]夫身。是故君子有大道：必忠信以得之，骄泰[29]以失之。

生财有大道：生之者众，食之者寡，为之者疾，用之者舒，则财恒足矣。仁者以财发身[30]，不仁者以身发财。未有上好仁而下不好义者也，未有好义其事不终者也，未有府库[31]财非其财者也。孟献子[32]曰：“畜马乘不察[33]于鸡豚，伐冰之家[34]不畜牛羊，百乘之家不畜聚敛之臣[35]。与其有聚敛之臣，宁有盗臣。”此谓国不以利为利，以义为利也。长国家而务财用者，必自小人矣。彼为善之，小人之使为国家，灾害并至。虽有善者，亦无如之何[36]矣！此谓国不以利为利，以义为利也。

【注释】

①老老：尊敬老人。前面一个“老”字是动词。

②长长：尊重长辈。前一个“长”字也是作动词。

③恤：体恤，周济。孤：孤儿，古时候专门用于指那些幼年便丧失了父亲的人。

④倍：通“背”，背弃。

⑤絜（xié）矩之道：儒家的伦理思想，意思是我们的一言一行要具有示范作用。絜：量度。矩：画直角或方形用的尺子，可以将其引申为法度，规则。

⑥“乐只君子”句：引自《诗经·小雅·南山有台》。

⑦“节彼南山”句：引自《诗经·小雅·节南山》。节：高大的意思。岩岩：形容山势险峻的样子。师尹：太师尹氏，太师是周代的三公之一。尔：你。瞻：瞻仰，仰望。

⑧僇（lù）：通“戮”，杀戮。

⑨“殷之未丧师”句：引自《诗经·大雅·文王》。师：民众。配：符合。仪：宜。监：鉴戒。峻：险峻。不易：指不容易保有。

⑩此：乃，才。

⑪争民施夺：争民：和百姓争利。施夺：施行劫夺的举措。

⑫悖：逆，违逆。

⑬“《楚书》”句：《楚书》，楚昭王在位时编纂的史书。楚昭王派王孙圉（yǔ）到晋国出访。晋国的赵简子问王孙圉珍宝美玉怎么样。王孙圉不以为然地回答道：楚国从来没有将美玉当作珍宝来看待，而是把那些贤德的人，比如观射父这样的大臣看作珍宝。此话被记录在《国语·楚语》中。汉代的刘向在《新序》中也曾说过类似的话。

⑭“舅犯”句：舅犯指的是晋文公重耳的舅舅，字子犯。亡人指的是流亡的人，指重耳。鲁僖公四年十二月，晋献公因受到骊姬的蛊惑，逼迫太子申生自杀身亡。重耳为避难逃亡在外。晋献公逝世后，秦穆公派人规劝重耳回国掌权。重耳将此事告诉了子犯，子犯认为不能这么做，便用这些话来劝说重耳。事见《礼记·檀弓下》。

⑮《秦誓》：《尚书·周书》中记载的一篇。

⑯断断：真诚的样子。

⑰休休：宽宏大量。

⑱有容：胸怀宽广，能够容人。

⑲彦圣：指贤德的人能够德才兼备。彦：美。圣：明。

⑳不啻（chì）：不但。

㉑媢（mào）疾：嫉妒。

㉒违：阻抑。俾（bǐ）：使。

㉓放流：流放的意思。

㉔迸：即“屏”，驱逐。四夷：四方之夷。夷指的是古代东方的大部分部族。

㉕中国：中原地区，与现代意义的“中国”同音不同义。

㉖命：东汉的郑玄在解释时，认为该字本就同“慢”，只是笔误而已。慢即轻慢的意思。

㉗拂：违背的意思。

㉘逮：及、到。

㉙骄泰：骄横放纵。

㉚发身：修身。发：发达，发起。

㉛府库：指国家的国库，收藏财物的地方。

㉜孟献子：鲁国大夫，姓仲孙名蔑。

㉝畜：养。乘：指用四匹马拉的车。畜马乘是士人走上仕途，初做大夫时的待遇。察：关注。

㉞伐冰之家：指丧祭时用冰保存遗体的人家。这是为官者，卿大夫之类的官员去世后所享受的待遇。

㉟百乘之家：拥有一百辆车的人家，指那些拥有

大部分封地的诸侯王。聚敛之臣：搜刮钱财的家臣。

㊱无如之何：没有任何办法。

【译文】

之所以说要想平定天下，最先要做的就是治理好国家，是因为处于上位的人都懂得尊敬老人，老百姓看到这样的统治者，必然会争相学习，学会孝顺自己的父母；在上位的人都懂得尊敬长辈，老百姓也会争相效仿，尊重自己的长辈；假如在上位的人能够体恤救济孤儿，那么老百姓也会争相学习，长此以往，必然能够让全国民风淳朴。所以，品德高尚的人总是以身作则，推己及人，实施“絜矩之道”。

作为领导，假如你厌恶上级的某种行为，那么请记住，千万不要用同样的行为对待自己的下属；当然，假如你厌恶某个下属的行为，就不要用这种行为去对待自己的上司；假如你厌恶前面的人对你的某种行为，就千万不要用同样的行为去对待你后面的人；当然，假如你厌恶你后面某些人的行为，那么就不要用同样的行为去对待你前面的人；假如你厌恶自己右边的人的某种行为，那么千万不要用

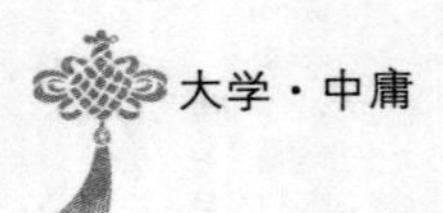

同样的行为去对待你左边的人；假如你厌恶你左边的人的某种行为，那么就不要用同样的行为去对待你右边的人。这样的做法就是“絜矩之道”。

《诗经》中曾经写道：“使人心悦诚服的国君啊，一定会被老百姓当作父母一样尊敬。”意思就是圣明的君主总是以百姓为先，老百姓喜欢的他便喜欢，老百姓厌恶的他也必然讨厌，这样的国君怎么可能不被百姓爱戴，称其为百姓的父母自然也是可以的。《诗经》中说：“巍峨的南山啊，岩石耸立。显赫的尹太师啊，百姓都心生敬仰。”作为国家的统治者必须要谨慎小心。稍有偏颇，就会被天下人记恨，甚至被推翻。《诗经》中也曾写道：“殷朝繁盛时期，统治者励精图治，从没有丧失民心，绝对能够和上天的要求相符合。请将殷朝的发展过程当作鉴戒吧，要知道，守住天命并不是一件容易的事。”这就是用殷朝的实际例子验证，要想成为人民爱戴的君主，就必须要得到民心，这样才能得到国家，否则，失民心者必然会失去国家。

所以，品德高尚的人大多注重修养自己的德行。因为他们知道，只有德行好，品德高尚的人才能受到众人的拥护和爱戴，只有受到他人的拥护才能保住自己的土地，有了土地才能拥有更多的财富，有财富才能供给使用。要知道，德行就是根本，钱财是枝末，假如我们将其颠倒，把根本的东西当成外在，反而将枝末当成根本来追求，那自然会出现和老百姓争夺利益的状况。所以，假如当朝的君王痴迷于聚财敛货，那么就很容易失去民心；假如君王散财于民，那么民心自然就会向着君主。这个道理就像我们平时为人处世一样，跟他人讲道理，那么别人也会跟你讲道理；敛财也是一样，接受了来路不明的财货，总有一天，手中的财货也会不明不白地失去。

《康诰》中记载："天命是不会始终如一的。"也就是说，只有行善的人才能得到天命，不行善就会失去天命。《楚书》中也有记载："楚国并没有什么珍宝，只不过将行善当作宝。"舅犯也曾经说过："流亡在外的人根本没有什么宝物，只能将仁爱当作宝物。"

《秦誓》说："如果朝中的某位大臣忠诚老实，虽然他不像其他大臣那样本领高超，但他本人心胸宽广，有容人的肚量，那么此人也不必担心。因为他懂得用人，别人有本领，就好像他自己拥有一样；别人德才兼备，他对其心悦诚服，而且这种钦佩不仅是口头上表示，而是从心底里对其钦佩有加。起用这样的人才，是能够保护我们的子孙和百姓的，因为他们可以为百姓造福！相反，如果某位大臣一见到别人比自己有本领，他就嫉妒、厌恶；看到别人德才兼备，他就想方设法地打压排挤，无论如何都不能容忍他人。假如君主起用这样的人，不仅起不到保护子孙和百姓的作用，而且很可能要比平常人更加危险！”因此，有仁德的君主不会将这样的人留在国中，而是将其流放，把他们驱逐到边远的地方。这说明，德行比较好的人爱憎分明。发现了人才却不提拔，提拔之后而不重用，这就是轻慢；假如发现了奸佞的人却不罢免，即使罢免了也不将其驱逐，仍然留在身边，这就是过错。大家都厌恶的人他反而喜欢，众人喜欢的他反而厌恶，这是一种违背人类本性的行为，灾难必然降临。所以，做国君的人一定要选择正确的行事方法：忠诚信义，就能获得百姓的爱戴，便会获得一切；骄奢放纵，必然遭到百姓的厌恶，最终会失去一切。

财富的生产方式也需要正确的途径：假如生产的人多，而消费的人数少，生产的人都很勤奋，但消费的人异常节省，这样的情况下，财富就会越积越多。仁爱的人懂得仗义疏财，用此方法来修养自身，但不懂得仁爱的人则不惜牺牲自己的生命去敛财。没有在上位的领导喜爱仁德，而处于下位的人却不喜爱忠义的；没有喜爱忠义做事却半途而废的；没有国库里的财物不是属于君主的。孟献子曾经说过："假如士大夫之家养了四匹马拉车，那他绝对不需要再去养鸡养猪；假如卿大夫家祭祀用冰，那他就不需要再去养牛养羊；假如诸侯之家拥有一百辆兵车，那他也不要去收养搜刮民财的家臣。与其收养了想要搜刮民财的家臣，还不如收养几个喜欢偷盗东西的家臣。"这段话的意思就是，一个国家不应该将收敛钱财作为利益，而应该将培养仁义作为最终利益。做了国君还想着聚敛财货，这种情况的发生必然是有小人在诱导，假如国君将这些小人作为好人，把国家大事交给他们去处理，天灾人祸很可能就一齐降临了。这时虽有贤德的人相助，却也找不到挽救的办法了。所以，作为国家的君主，千万不能将收敛钱财作为最终利益，而应该把仁义作为国家的根本。

【读解】

这是《大学》中的最后一章，将其放在结尾，必然是要起到总结的作用。从内容中我们可以看出，全章都在阐释“平天下在治其国”的道理，具体展开，包含以下几方面内容：第一，君子有絜矩之道；第二，民心最为重要，得到民心就能得国，失去民心就会失去君主地位；第三，君主的德行最为重要，品德是根本，钱财是末节；第四，作为君主来说，必须要选用贤德、仁爱的人，远离恶人；第五，在利与义的问题上，国家不能将利益作为根本，而应该将仁义作为根本。

所谓絜矩之道，和前一章所强调的“恕道”理论是一脉相承的。如果说“恕道”强调的重点是“己所不欲，勿施于人”，那么，絜矩之道的重点就是强调以身作则，为百姓做示范。就像孔子对季康子所说的那样：“当政者的德行就好像一阵风，老百姓的德行就好比是草，风吹到草上，草必然会随风倾倒。”（《论语·颜渊》）

正所谓世道人心，上行下效。国风、民风是

否淳朴，最关键的就是，国家提倡什么，君主是如何做的。在这期间，榜样的力量是无穷的，只有做好了示范，才能起到根本作用。所以，懂得当政治国的人，一定要懂得絜矩之道。

民心的重要性也有所凸显，当然，这一点古往今来都被统治者所重视。俗话说水能载舟，亦能覆舟。纵观历史，很多统治者都是因为忽视民心，导致王朝的覆灭，最终百姓们也跟着受苦。

德行是儒学中反复强调的中心问题，也是为政者必须要做到的一点。本章为了更加清楚地阐述这个道理，将德与财进行对比，提出了“德本财末”的思想。尽管儒学所提倡的治国方略中也包含着“先富后教”（《论语·子路》）以及“有恒产者有恒心”（《孟子·滕文公上》）等强调经济基础的学说，但从总体来说，注重精神修养而轻视物质的聚敛，崇尚德行的修养而抑制敛财的做法仍然非常突出。

“德本财末”思想，强调修养德行是治国平天下的第一要务，这便牵涉到用人的问题。事实上，在用人这个问题上，德行仍然是第一位的。在选才用人时，即使一个人没有什么大的才能，但只

要心胸宽广，有容人的度量，就可以对其委以重任。相反，即使一个人表现得很有才能，但他嫉贤妒能，心胸狭隘，终究是有百害而无一利，这样的人绝对不能任用。所以，这才有了《大学》中“唯仁人为能爱人，能恶人”。这就告诫我们，作为一国之君，必须要有识人才的本领。

本章中所讲述的“德本财末”的道理，其实是对“利”与“义”的关系的阐述。

为了将“利”与“义”的关系阐述得更加明白，《大学》里还提出了“生财有大道”的观点，也就是文章中所说的生产的人多，消费的人少，生产的人勤奋，消费的人节省的道理。从这一点来看，这一段话还是很富有经济学色彩的，浅显易懂而且不容置疑。值得我们注意的是下面这两句话：“仁者以财发身，不仁者以身发财。”这句话的意思就是，“以财发身”的人从来不会将财产看得太重，所以才会仗义疏财，用这样的方式修养自身的德行。

附　录

朱熹《大学章句序》

【原文】

《大学》之书，古之大学所以教人之法也。

盖自天降生民，则既莫不与之以仁义礼智之性矣。然其气质之禀或不能齐，是以不能皆有以知其性之所有而全之也。一有聪明睿智能尽其性者出于其间，则天必命之以为亿兆之君师，使之治而教之，以复其性。此伏羲、神农、黄帝、尧、舜，所以继天立极，而司徒之职、典乐之官所由设也。

三代之隆，其法寖备，然后王宫、国都以及闾巷，莫不有学。人生八岁，则自王公以下，至于庶人之子弟，皆入小学，而教之以洒扫、应对、进退之节，礼、乐、射、御、书、数之文；及其十有五年，则自天子之元子、众子，以至公、卿、大夫、元士之适子，与凡民之俊秀，皆入大学，而教之以穷理、正心、修己、治人之道。此又学校之教、大小之节所以分也。

夫以学校之设，其广如此，教之之术，其次第节目之详又如此，而其所以为教，则又皆本之人君躬行心得之余，不待求之民生日用彝伦之外，是以当世之人无不学。其学焉者，无不有以知其性分之所固有，职分之所当为，而各俛焉以尽其力。此古昔盛时所以治隆于上，俗美于下，而非后世之所能及也！

及周之衰，贤圣之君不作，学校之政不修，教化陵夷，风俗颓败。时则有若孔子之圣，而不得君师之位以行其政教，于是独取先王之法，诵而传之以诏后世。若《曲礼》《少仪》《内则》《弟子职》诸篇，固小学之支流余裔。而此篇者，则因小学之成功，以著大学之明法，外有以极其规模之大，而内有以尽其节目之详者也。三千之徒，盖莫不闻其说，而曾氏之传独得其宗，于是作为传义，以发其意。及孟子没而其传泯焉，则其书虽存，而知者鲜矣！

自是以来，俗儒记诵词章之习，其功倍于小学而无用；异端虚无寂灭之教，其高过于大学而无实。其他权谋术数，一切以就功名之说，与夫百家众技之流，所以惑世诬民、充塞仁义者，又纷然杂出乎其间。使其君子不幸而不得闻大道之要，其小人不幸而不得蒙至治之泽，晦盲否塞，反覆沉痼，以及五季之衰，而坏乱极矣！

天运循环，无往不复。宋德隆盛，治教休明。于是河南程氏两夫子出，而有以接乎孟氏之传。实始尊信此篇而表章之，既又为之次其简编，发其归趣，然后古者大学教人之法、圣经贤传之指，粲然复明于世。虽以熹之不敏，亦幸私淑而与有闻焉。顾其为书犹颇放失，是以忘其固陋，采而辑之，间亦窃附己意，补其阙略，以俟后之君子。极知僭逾，无所逃罪，然于国家化民成俗之意、学者修己治人之方，则未必无小补云。

淳熙己酉二月甲子，新安朱熹序

【译文】

《大学》这部书，主要内容就是介绍古代大学教学的原则和方法。

自从人类降生以来，上天就赋予每一个人本

性，都是以仁、义、礼、智作为品行的基本内容。然而每个人的天资和智力各不相同，并不是每个人都能清楚地知道自己所具备的善良品质和理智的本性。许多人就是因为没有认识到自己本身所蕴藏的善良品质，因此在日常生活中缺乏自我修养，最终逐步减少甚至丧失了这种善良的本性。聪明智慧并且拥有善良本性的人一旦暴露出自己的本质，那么这个社会必定会赋予他更为重要的使命，让他承担起领导众人的任务，成为大家的领袖，治理和教育他人，以此来恢复众人原本拥有的善良和理性。这应该就是伏羲、神农、黄帝、尧、舜等人能够承受天命，成为世代相传的榜样的原因。

夏、商、周三代兴旺发达，虽然距离现在已经非常遥远，但它们对于我国生产能力的提高，生活法则的认识，以及社会制度的建立等各方面都起到了深刻的影响。为了继承这些丰富的经验，无论是王公贵族还是普通街巷，纷纷设立学校。只要是年满八岁的孩子，上自王公子孙，下至老百姓的孩子，都要进入小学学习。小学中的教学内容包含日常生活、待人接物等基本礼节，除此之外还包含礼仪、音乐、射箭、驾车、识字、计算等基础知识和生活技能。等到孩子长到十五岁，就应该进入大学学习了。但大学可并不是谁都能进入的，主要是贵族子弟们，包含国君的儿子们，以及公侯、大臣、官员之正妻所生的儿子，再加上老百姓中选拔出来的优秀子弟。当然，大学的教学内容也是颇有深意，很多内容讲究的是穷尽事理、端正本心、修养自身或者管理他人的原则和方法。换句话说，古代的学校教育并不像现在一样，以年龄为界限，而是根据所学内容的难易程度来划分。

全国各处都设立了学校，详细地划分了教学次序，而学校所教的内容大多也是人君们通过自己的亲身经历总结出来的经验、教训和心得，从不要求学生们学习那些脱离人们日常生活规则和伦理的知识。正因为这个原因，当世之人几乎没有不愿意学习的。这些喜欢上学的人，大多都知道自己所固有的天赋本性，明白自己所承担的职责和不应该做的事情，如此一来，每个人都能够埋头做好自己的事情。这就是古代政治兴盛时所提倡的修明政治、发扬风俗美德的原因，同时也是后世之人无法赶超历史的原因。

到周朝逐渐衰落，根本没有什么贤圣君主，

因此上述学校的教学体制不能得到很好的推行，教化也随着世事不断变迁，风俗不断颓废败坏。面对当时的社会状况，即便出现一个像孔子那样贤明的圣人，也没有一个圣贤的君主来帮助他推行自己的政教学说，于是他只能独自总结先人们的教学法则，到处讲习、传诵，以此来告诫后世之人。例如，小学的内容包含《曲礼》《少仪》《内则》《弟子职》等篇，这些都是以支流末节的方式流传下来的。而这篇《大学》，则是在小学成功保存的基础上存留下来的。《大学》一书，所涉及的研究对象非常广泛，规模极其广大，而且从讲述的内容来说，条理更是清楚明了。孔子门下有三千多名学生，几乎所有的人都听过孔子对《大学》的讲解，却只有曾子一人能听明白其中的真义，于是便将其整理出来，编写成书，同时还在此基础上对其内容加以发挥和说明，传给后世之人。孟子去世后，孔子所传授的知识也逐渐消失。虽然《大学》这部书仍然存在，但很少有人能够真正明白其中的含义。

从此之后，普通的学者每天都会花费很多的时间和精力诵读记忆词句文章，但仍然没有太大效果。很多所谓高妙的说辞虽超过大学的范围，但因其虚无寂灭，根本没有什么实际意义。其他的有关权谋术数之类的东西，大多都是以功名利禄作为根本目的，当然其中还包含很多形形色色的技能、技巧等，尽管这些知识中也包含一些仁义的说教，但从根本上来说，无非都是一些蛊惑人心、误导民众的理论。正是因为如此，统治者们，包含君王、大臣、官员在内的所有人员，理解不了根本道理的要义，使得我们当朝的百姓不能享受政治修明的恩泽，导致社会昏暗不明，德教不行。如此沉重的社会弊病反复积累，到五代十国之时便已衰败不堪。

“天”的运行方式就是不断循环，所有已经过去的道理或者事物终有一天会再次出现。因此到宋朝时，道德的标准又重新兴盛起来，社会也会随之安定下来，教育又成为政府的主抓工作。于是河南出现了程颢、程颐两位先生，由他们继承孟子的传统，开始尊崇、信奉《大学》一书，并将其传扬于世，又将传下来的古书进行整编，挖掘其中的旨趣和深义。从此，古代大学在教育方面的原则和方法，古代圣贤所宣扬的宗旨，再次发挥出耀眼的光彩。虽然我朱熹并不聪明，但很幸运地受教于程氏两位先生的学说。但我认为程氏两先生的书仍然存

在缺点和失误，于是我便根据自己浅陋的见识，对此书进行了重新整编，当然其中也加入了我自己的一些见解，用以补充其中缺漏的地方。即便如此，我认为这部书也并非完善，可是我的见识也只到这个地步，只能等待以后的学者进行纠正了。我深深地知道自己的做法已经超越本人的能力权限，但我认为自己必须为书中的瑕疵承担责任。然而，我认为，对于净化国家民俗来说，或者对于给学习的人提供自身修养的方法和管理他人的方式来说，我的做法应该还是有些好处的。

淳熙己酉二月甲子，新安朱熹序

中庸

第一章

【原文】

天命[1]之谓性，率性[2]之谓道，修道之谓教。

道也者，不可须臾离也，可离非道也。是故君子戒慎乎其所不睹，恐惧乎其所不闻。莫见乎隐，莫显乎[3]微。故君子慎其独也。喜怒哀乐之未发，谓之中[4]；发而皆中节[5]，谓之和。中也者，天下之大本也；和也者，天下之达道也。致[6]中和，天地位焉，万物育焉。

【注释】

①天命：天赋。朱熹曾经解释道："天以阴阳五行化生万物，气以成形，而理亦赋焉，犹命令也。"（《中庸章句》）所以，本章中所说的天命实际上指的就是人类的自然禀赋，根本没有任何神秘的色彩。

②率性：遵循本性。率：遵循，按照。

③莫：这里的意思是"没有什么更"。见：显现，明显。乎：于，在这里有相互比较的意思。

④中：符合。

⑤节：法度。

⑥致：达到。

【译文】

我们的自然禀赋本称为“性”，顺着本性做事就是“道”，按照“道”的原则进行修养叫作“教”。

“道”是片刻都不能离开我们的，如果它能够离开，那就不能称之为“道”了。所以，那些品德高尚的人无论在人前还是人后，都是小心谨慎的，即便是没有人能听见他说话，他也绝对不会乱说，也定是有所戒惧。其实，这样的做法是正确的，越是隐蔽的地方越是明显，越是细微的地方越是显著。所以，那些品德高尚的人，即便是在独处时也小心谨慎。人的喜怒哀乐没有表现出来的时候，我们称其为“中”；表现出来的行为符合节度，我们称其为“和”。“中”是人人都有的一种本性，“和”则是大家共同遵循的原则，只有达到“中和”的境界，世间万物才能各司其职，按照规律生长繁育。

【读解】

这一章从“道不可离开片刻”引入话题，该问题与《大学》中所阐述过的“慎其独”的问题是一致的，同样要求我们加强自觉性，真心诚意地顺着人类的天赋本性做事，按照道的原则进行自我修养。解决了以上所说的思想问题后，本章便开始从正面提出“中和”的范畴，以此作为全篇主题。中庸作为儒学的一项重要范畴，对它的理解总是多种多样。本章就从情感的角度出发，对“中”“和”做出了正面的解释。按照本章所阐述的道理来看，在一个人表现出喜怒哀乐的情感之前，心中仍然平静淡然，这就被称之为“中”。可是喜怒哀乐是每个人都有的情感，所以，只要出现，必然会表现出来。表现出来也是符合人之常情的，有节度，这便是“和”。二者互相协调，谓之“中和”。

假如每个人都能达到中和的境界，那么大家就都可以心平气和地谈事情，社会秩序也必然井井有条，天下自然太平无事。

本章具有总纲性质，以下的十章内容都是围

绕本章展开的。《中庸》本来也属于《礼记》，一般都将其归为孔子的孙子子思的作品。

根据《史记·孔子世家》中的记载，孔子的儿子名叫孔鲤，字伯鱼；伯鱼的儿子取名孔伋，字子思。孔子离世之后，儒家分为八个派别，子思是其中的一派。荀子把子思和孟子都当作一派。从孔子一家的发展关系来看，子思曾在孔子的得意门生曾子门下求学，孟子又师从于子思；从《中庸》和《孟子》所阐述的基本观点来看，也大体相同，这才有了“思孟学派”的说法。后代也因此将子思尊称为“述圣”。不过，我们现在所看到的《中庸》，早已不是原本，而是秦代儒者们修改过的版本，成稿大体在秦统一全国后不久完成。所以每篇文章取名的方式和《大学》不尽相同，不是取正义开头的两个字作为题目，而是提取文章中心作为题目。

《中庸》一书早在西汉时代就有人专门对其进行研究，而且还有人专门写书对其进行解释。《汉书·艺文志》中载录了两篇《中庸说》，从此以后，各朝各代都有很多关于这方面的著作。其中影响最大的是朱熹所著的《中庸章句》，他将《中庸》《大学》《论语》和《孟子》融合到一起，统一起来，称为“四书”，最终使其成为后世读书人求取功名必读的主要著作。

朱熹认为《中庸》的作品“忧深言切，虑远说详”，用《中庸章句序》中的话说就是“历选前圣之书，所以提挈纲维，开示蕴奥，未有若是之明且尽者也”。《中庸章句》开头还引用了程颐的几句话，夸赞《中庸》是“孔门传授心法”的著作，认为中庸的内容回味无穷，都是实用的学问。喜欢读书的人只要仔细品读，一定能够终身受益。

事实上，虽然程颐的说法有些过头，但的确也有些道理。《中庸》内容丰富，不仅被当作儒家经典典籍，而且还在该基础上讨论了一系列问题，涉及儒家学说的各个方面。所以，《中庸》最终被推崇为“实学”，成为让大家终生受用的经典。

第二章

【原文】

仲尼[①]曰：“君子中庸[②]，小人反中庸。君子之中庸也，君子而时中；小人之中庸也[3]，小人而无忌惮[4]也。

【注释】

①仲尼：即孔子，名丘，字仲尼。

②中庸：也就是中和的意思。庸：可以解释为“常”。

③小人之中庸也：可以解释为“小人之反中庸也”。

④忌惮：顾忌和畏惧。

【译文】

仲尼说：“君子遵守中庸的思想，小人则违背中庸的理论。君子之所以可以遵守中庸的理论，是因为他们随时都知道什么样的行为合适，不会做得太过，也不会做得不够；小人之所以违背中庸的理论，是因为小人做事肆无忌惮，容易走向极端。”

【读解】

孔子的学生子贡曾经问孔子：“子张和子夏，谁才是最为贤德的人才？”孔子回答道：

"子张的行为过分，而子夏则做得不够。"子贡又问道："那么您的意思是，子张更贤德一些，是吗？"孔子回答道："做得过分和做得不够都是一样的。"（《论语·先进》）

这段话其实就是对"君子而时中"的最好解释。换句话说，无论是做得过分，还是做得不够，性质都是一样的，都不符合中庸的要求。中庸最重要的要求是恰到好处，就好像宋玉描绘东家之子一样："增之一分则太长，减之一分则太短；著粉则太白，施朱则太赤。"（《登徒子好色赋》）

第三章

【原文】

子曰："中庸其至矣乎！民鲜[①]能久矣！"

【注释】

①鲜：少，不多。

【译文】

孔子说："中庸里所讲述的思想大概就是最高的德行了吧！大家缺乏这种德行已经很久了！"

【读解】

正因为中庸被认为是最高的德行，最高的道德标准，所以很少有人能够达到这个标准。或者说，中庸理论也只能成为一种理想的道德规范了。

第四章

【原文】

子曰："道①之不行也，我知之矣：知者②过之，愚者不及也。道之不明也，我知之矣：贤者过之，不肖者③不及也。人莫不饮食也，鲜能知味也。"

【注释】

①道：也就是我们所说的中庸之道。

②知者：也就是智者的意思，和愚者意思相反，指智慧超群的人。知：同“智”。

③不肖（xiào）者：和贤者的意思相对，指那些不贤德的人。

【译文】

孔子说：“中庸之道之所以不能彻底实行，最重要的原因就是聪明的人总是自以为是，认为自己知识渊博，自信过头；而愚蠢的人因其自身智力有限，根本不能完全理解中庸所讲的道理。当然，中庸之道最终不能得以弘扬的原因我也了解了：贤能的人自以为是，做得太多；而不贤的人根本不想去做。就像我们吃饭一样，虽然每天都要吃喝，但很少有人能够真正地品尝出饭菜的滋味。”

【读解】

无论是智慧的人还是愚昧的人，无论是贤人还是小人，大多对“道”的认识不够。就好像我们每天都吃吃喝喝，却没有几个人能真正地品出味道一样。虽然我们大多数时候也在按照既定的道德规范做事，但由于个人的自觉性不高，在大多数情况下，不是做得太过就是做得不够多，很难达到“中和”的要求。由此可见，提高自觉性也是推行中庸之道最为关键的一步。

第五章

【原文】

子曰：“道其①不行矣夫。”

【注释】

①其：表示推测的语气助词。

【译文】

孔子说：“道大概不能实行了吧。”

【读解】

朱熹曾说：“由不明，故不行。”意思是对于道的内容和重要性并不了解，所以很难实行。其实，在现实生活中，很多读书人都是非常了解中庸之道的，只是大家有各种理由，各种苦衷，所谓“人在江湖，身不由己”，所以很难去奉行中庸之道。孔子的感慨也就永远不会过时了！

第六章

【原文】

子曰：“舜其大知也与！舜好问而好察迩言①，隐恶而扬善，执其两端，用其中于民。其斯以为舜乎②！”

【注释】

①迩（ěr）言：浅近的话。迩：近。

②其斯以为舜乎：这就是舜被称之为舜的原因吧！其：语气词，表示推测。斯：这。舜：从本义上可以解释为仁义盛明，所以孔子有此感叹。

【译文】

孔子说：“舜是一位具有大智慧的人！他喜

欢向他人请教问题，又善于对他人的话进行分析，尤其是话语里的含义。他善于隐藏他人的坏处，宣扬他人的长处。过与不及的意见他都能够轻易地掌握，采纳那些适合老百姓的建议。这就是舜之所以被称为舜的理由吧！”

【读解】

隐恶扬善，执两用中。这就是中庸之道所宣扬的不偏不倚、无过无不及的道理，同时也是一种杰出的领导艺术。当然，要想真正做到“中庸”，必然要有非同一般的大智慧。而要想做到这一点，困难之一在于，要做到执两用中，不仅需要修习中庸之道的自觉意识，而且还需要有丰富的经验和过人的见识。

第二个困难在于，要想做到隐恶扬善，必须要有更为博大的胸襟和宽容的气度。对于普通人来说，不隐藏自己的善意、宣扬自己的恶行就已经算是天大的好事了，岂敢奢望他人隐藏别人的恶行，宣扬他人的善行呢！

如此看来，只是拥有大智慧还不一定能够做到隐恶扬善，还必须有一颗仁义之心。

第七章

【原文】

子曰："人皆曰予①知。驱而纳诸罟擭②陷阱之中，而莫之知辟③也。人皆曰予知，择乎中庸而不能期月④守也。"

【注释】

①予：我。

②罟（gǔ）：用于捕兽的网。擭（huò）：一种装有机关，用于捕兽的木笼。

③辟（bì）：同"避"。

④期月：一整月。

【译文】

孔子说："每个人都认为自己聪明，可是被驱赶到罗网陷阱中却不知道躲避。每个人都认为自己聪明，虽然选择了中庸之道，但最终连一个月的时间都没能坚持住。"

【读解】

自以为聪明的人总是喜欢走极端，走偏锋，从不知道适可而止，往往自投罗网，但他自己毫无察觉。从另一方面，即便大家知道适可而止，明了中庸之道的好处，却又因为个人的好胜心，而逐渐背离了中庸之道的初衷，最后就像孔子叹息的那样：坚持不了一个月便又远离了。

第八章

【原文】

子曰："回①之为人也，择乎中庸，得一善，则拳拳服膺②而弗失之矣。"

【注释】

①回：指求学于孔子门下的学生颜回。

②拳拳服膺：牢牢地记挂在心里。拳拳：牢握而不舍的样子，可以引申为恳切。服：放置。膺：胸口的意思。

【译文】

孔子说："颜回就是这样的人，他为人处世都将中庸之道作为标准，得到了它的好处，就牢牢地记在了心里，将其作为一生的标准。"

【读解】

这一章所阐述的道理主要是针对前一章那些做事不能坚持中庸之道的人。

颜回作为孔子的得意门生，经常被作为榜样推荐给大家学习。对中庸之道的学习也不例外，一旦认定了，他肯定会坚定不移地坚持下去。

这就是颜回的作为，同时也体现了孔子所提倡的"吾道一以贯之"（《论语·里仁》）的风范。

第九章

【原文】

子曰，"天下国家可均①也，爵禄可辞②也，白刃可蹈[3]也，中庸不可能也。”

【注释】

①均：即平，可以解释为治理。

②爵：爵位。禄：官吏的薪俸。辞：放弃。

③蹈：踏。

【译文】

孔子说：“天下的国家都可以进行治理，官爵俸禄也能轻易放弃，雪白的刀刃并不可怕，也能践踏而过，但要想精通中庸的道理，并且秉持中庸之道，不是容易的事情。”

【读解】

孔子主张中庸之道，并且支持大家弘扬中庸之道。但事实上，一般人根本不可能彻底地理解《中庸》里所弘扬的品质。孔子得知这种情况，有感而发，将学习中庸之道比作比赴汤蹈火、治国平天下还困难的事情。他的根本目的就在于让大家重视对中庸之道的弘扬。

第十章

【原文】

子路问强[1]。子曰："南方之强与？北方之强与？抑而强与[2]？宽柔以教，不报[3]无道，南方之强也，君子居[4]之。衽金革[5]，死而不厌[6]，北方之强也，而强者居之。故君子和而不流[7]，强哉矫[8]！中立而不倚，强哉矫！国有道，不变塞[9]焉，强哉矫！国无道，至死不变，强哉矫！"

【注释】

①子路：孔子的学生，名为仲由，子路为其字。

②抑：选择性连词，可以解释为"还是"。而：人称代词，可以解释为你。与：疑问语气词。

③报：报复。

④居：处。

⑤衽（rèn）：卧席，此处用作动词。金：指铁器制成的兵器。革：指用皮革做成的甲盾。

⑥死而不厌：死而后已的意思。

⑦和而不流：性情平和却不随波逐流。

⑧矫：坚强的样子。

⑨不变塞：不改变自己的志向。

【译文】

子路询问孔子，到底什么才是强。孔子回答道："到底南方的强，还是北方的强呢？或者你认为什么才是强呢？用宽容柔和的心态去教育他人，受到蛮横的对待却从不报复，这就是南方的强悍，只有品德高尚的人才具有这种强悍的能力。将兵器甲盾当作枕席，有死而后已的志向，这就是北方的强，只有勇武好斗的人才具有这种强大的能力。所以，品德高尚的人和顺却不随波逐流，这才是真正的强大啊！秉承中庸之道的人能保持中立却不偏不倚，这才是真正的强大啊！国家政治清平时能够不改变自己的志向，这才是真正的强大啊！国家政治黑暗时能够坚持自己的操守，宁死不改变自己的志向，这才是真正的强大啊！"

【读解】

子路有些鲁莽，平日里勇武好斗，所以孔子

才用这些话教导他：强并非只有一种，它可以分为体力的强大和精神力量的强大，其中精神力量的强大更为重要。这种强大体现为和而不同流合污，柔中带有刚强。这就是中庸之道的内涵，同时也体现了真正强大的人能够坚持自己的信念不动摇，宁死不改变自己的志向和操守。

孔子在中庸中所强调的，无非就是“中立而不倚”的道理，这也是中庸中最为高深的道理。

第十一章

【原文】

子曰：“素隐行怪①，后世有述②焉，吾弗为之矣。君子遵道而行，半途而废，吾弗能已③矣。君子依乎中庸，遁世不见④知而不悔，唯圣者能之。”

【注释】

①素：根据《汉书》里的记载，应该解释为

“索”。隐：隐僻。怪：怪异。

②述：记述的意思。

③已：停止。

④见知：被知。见：被。

【译文】

孔子说：“寻找一些隐僻的歪道理，或者做些荒诞的事情来欺世盗名，那么后世的人也许会用某种方式来为他记述，或者为其立传，但我一定不会这样做。有些德行还算不错的人喜欢按照《中庸》里所讲述的道理去做，却半途而废，总是不能坚持到最后。我是绝对不可能这样做的，自然也不会停止。要知道，真正的君子一定会遵循中庸之道，即便这一生默默无闻不被他人所熟知，也绝不后悔，因为只有圣人才能够做得到啊！”

【读解】

喜欢钻牛角尖的人，或者平日行为怪诞的人，总是喜欢出风头、走极端，甚至会搞些欺世盗名的做法。但这些根本就不符合中庸之道的规范，自然会被世人所不齿。即便找到正确的道路，走到一半就停了下来，这样的做法也是不符合中庸之道的。始终如一地弘扬中庸之道，即便一生默默无闻也无怨无悔，这是圣人才能做到的事情，也是全篇论述的主旨。

第十二章

【原文】

君子之道费而隐[①]。夫妇[②]之愚，可以与[③]知焉，及其至也，虽圣人亦有所不知焉。夫妇之不肖，可以能行焉，及其至也，虽圣人亦有所不能焉。天地之大也，人犹有所憾。故君子语大，天下莫能载焉；语小，天下莫能破[④]焉。《诗》云："鸢飞戾天，鱼跃于渊。"[⑤]言其上下察[⑥]也。君子之道，造端[⑦]乎夫妇，及其至也，察乎天地。

【注释】

①费：用途广大。隐：精微。

②夫妇：匹夫匹妇，指普通的男女。

③与：动词，参与的意思。

④破：分开。

⑤鸢飞戾天，鱼跃于渊：出自《诗经·大雅·旱麓》。鸢：老鹰的意思。戾：到达。

⑥察：昭著，明显。

⑦造端：开始。

【译文】

君子之道广大而又精微。普通男女虽然愚昧，但每个人都有权修习君子之道；可是该道理广博高深，即便是圣人也会有弄不清楚的地方。虽然普通男女不贤明，但他们也可以实行君子之道，只要能够坚持下去，必定可以寻到君子之道的高深之处。天地如此之大，每个人都有不满足的地方。所以，君子们所说的“大”，就连整个天下都装载不下；君子所说的“小”，就小得连一点儿都分不开了。《诗经》中说：“鸢鸟飞向天空，鱼儿跳跃深水。”这句话说的就是上下分明的道理。其实说起来，君子之道开始于普通男女，可是它最高深的境界在整个天地间都有所显示。

【读解】

正所谓“道不可须臾离”，所以，君子之道应该有普遍的适应性，可以让每个人都拿来修习。或者换句话说，君子之道应该“放之四海而皆准”，也就是说普通男女可以学习道，同时也要进行实践。

不过，话说回来，知道这个道理是一回事，实践起来又是一回事，而要想进入高深境界又是另一回事了。所以，君子之道要想长久地发展下去，就必须有精微奥妙的一方面，可以供德行高、修养深厚的学者进行探究，进行创造性的实践活动。总之，君子之道就是一个开放的、兼容的、可以持续发展下去的道理体系。

第十三章

【原文】

子曰：“道不远人。人之为道而远人，不可

以为道。《诗》云：‘伐柯伐柯，其则不远。’[①]执柯以伐柯，睨[②]而视之，犹以为远。故君子以人治人。改而止。忠恕违道[③]不远，施诸己而不愿，亦勿施于人。君子之道四，丘未能一焉：所求乎子以事父，未能也；所求乎臣以事君，未能也；所求乎弟以事兄，未能也；所求乎朋友先施之，未能也。庸[④]德之行，庸言之谨。有所不足，不敢不勉，有余不敢尽。言顾行，行顾言，君子胡不慥慥[⑤]尔？”

【注释】

①伐柯伐柯，其则不远：出自《诗经·豳风·伐柯》。伐柯：砍削斧柄。柯：斧柄。则：法则，这里指的是斧柄的式样。

②睨：斜视。

③违道：离道。违：偏离。

④庸：平常。

⑤胡：怎么。慥（zào）慥：忠厚诚实的样子。

【译文】

孔子说：“道对所有的人都是一样的，从不排

斥任何人。如果有人在实施道的过程中排斥他人，那就不能够继续实施道了。《诗经》中也曾经说过：‘砍削斧柄，砍削斧柄，斧柄的式样就在眼前。’假如我们手中已经有一把斧柄，然后照着这把斧柄重新砍削，应该不会有任何差别，但假如你能够斜眼一看，最终还是会发现新的斧柄和原来的差异很大。所以，君子总是能根据不同的人采取合适的办法进行治理，只要他能改正错误，认真地实行道就行。假如一个人能够做到忠恕，那么他离道也就不远了。那到底什么才是忠恕呢？那就是自己不愿意做的事，就不要强加给别人。君子所主张的道有四项，我孔丘连其中的一项都没能够做好：作为儿子，本应该对父亲做到的，我没能做好；作为一个臣民，应该对君主做到的，我没能做好；作为弟弟，应该对哥哥做到的，我没能做好；作为朋友本应该先做到的，我没能做好。平常的德行一定要努力实践，平常的言谈也要谨慎小心。德行在实践的过程中假如有不足的地方，也要勉励自己越发努力。言谈也不能因放肆而无所顾忌。说话一定要符合自己的行为，而自己平日里的行为也一定要符合自己说过的话，只有这样的君子才能称得上忠厚诚实的人啊！”

【读解】

道不可须臾离的基本条件是不能远离人。

推行道的另一条基本原则就是从实际出发，不同的人根据不同的情况采取相应的方法，使道既能够“放之四海而皆准”，又能够适应每个人的需求。这就是所谓的普遍性与特殊性的结合。

所以，在对他人展开批评之前，要先进行自我批评。就像贤德的孔圣人一样，从四个方面对自己的行为进行批评。连圣人都是如此，更不要说我们这些凡夫俗子了，怎么可能没有这样或那样的毛病呢？

俗话说，金无足赤，人无完人，我们只要做到忠恕，也就不会偏离道的方向。在行事的过程中，要“言顾行，行顾言”，任何事情都不可以走极端，保持“中庸”的原则，这便是我们所倡导的中庸之道。

第十四章

【原文】

君子素其位[1]而行，不愿乎其外。

素富贵，行乎富贵；素贫贱，行乎贫贱：素夷狄[2]，行乎夷狄；素患难，行乎患难。君子无入[3]而不自得焉。

在上位，不陵[4]下；在下位，不援[5]上。正己而不求于人，则无怨。上不怨天，下不尤[6]人。

故君子居易[7]以俟命[8]，小人行险以侥幸。子曰："射[9]有似乎君子，失诸正鹄[10]，反求诸其身。"

【注释】

①素其位：对于现在所处的地位感到满足，安于现状。素：平素。

②夷：指东方的部族。狄：指西方的部族。两个词语泛指当时的少数民族。

③无入：无论处于什么情况下。入：处于。

④陵：欺侮。

⑤援：攀缘，本意是抓着东西往上爬，引申为依靠有权有势的人往上爬。

⑥尤：抱怨。

⑦居易：居于平安的地位，其实也是安居现状的意思。

⑧俟（sì）命：等待天命。

⑨射：指射箭。

⑩正鹄：均指箭靶子。画在布上的叫正，画在皮上的叫鹄。

【译文】

君子应该懂得知足常乐，安于现在所处的地位，明确自己的责任，做应该做的事，不能生出非分之想。

对于我们来说，无论处于什么地位，都应该做自己应该做的事情。比如我们居于富贵地位，就应该做富贵人应该做的事；居于贫贱的地位，就应该做贫贱之人应做的事；假如我们居于边远地区，那么就应该做在边远地区应该做的事；假如我们处于危难中，就应该寻找解决危难的方法。如此说来，君子无论处于什么情况，都能够安然自得。

处于上位的人，不应该欺侮居于下位的人；处于下位的人，不应该攀附那些在上位的人。我们要时刻端正自己的地位而不应该苛求他人，这样就不会生出那么多抱怨了。上不抱怨天，下不抱怨人。

所以，对于君子来说，应该安居现状以等待天命，但奸佞的小人总喜欢铤而走险，妄图获得一些非分的东西。孔子说："君子立身处世，就好像射箭一样，射不中，不能责怪靶子不正，只能责怪自己箭术不好。"

【读解】

素位而行和《大学》里所讲的"知其所止"本就是一个意思，换句话说，就是我们所熟知的安守本分，这也是我们日常生活中经常强调的"知足常乐"。

这种安分守己的态度是对现状的积极适应。居于什么地位，就应该扮演什么角色，做什么样的事。只有这样，我们才能游刃有余地进一步积累、创造出属于自己的价值，最终获得成功。

事实上，成功者之所以能够有所成就，无非就是摆清了自己的位置，对现状做出了恰如其分的适应和处置。那些不能适应环境，在现实面前手足无措的人根本无法取得成功。

第十五章

【原文】

君子之道，辟①如行远必自迩②，辟如登高必自卑③。《诗》曰："妻子好合，如鼓瑟琴。兄弟既翕，和乐且耽。宜尔室家，乐尔妻帑。"④子曰："父母其顺矣乎！"

【注释】

①辟：同"譬"。

②迩：近。

③卑：低处。

④"妻子好合"句：引自《诗经·小雅·常棣》。妻子：妻与子。好合：和睦。鼓：弹奏。翕

（xī）：和顺，融洽。耽：《诗经》原作“湛”，安乐。帑（nú）：通“孥”，子孙。

【译文】

君子实行中庸之道，就好像行远路一样，一定会从近处开始；就好像攀登高峰一样，一定要从低处起步。《诗经》中曾经写道：“与妻子感情和睦，就好像弹琴鼓瑟一样，互相融合，从不排斥。兄弟之间也应该相处融洽，和顺又快乐。只有这样，才能让家庭美满和顺，让自己的妻儿幸福。”孔子曾经感叹道：“这样的生活，父母才能称心如意啊！”

【读解】

老子曾说：“千里之行，始于足下。”荀子曾说：“不积跬步，无以至千里；不积小流，无以成江海。”这两句话想要表达的意思都是“行远必自迩，登高必自卑”。

要想在行事过程中实施中庸之道，首先要做的事情就是从力所能及的当下做起。所有的事情，最为合适的解决方法就是循序渐进，不能操之过急。否则，“欲速则不达”，不但不能取得良好效果，反而很可能适得其反。

第十六章

【原文】

子曰：“鬼神之为德，其盛矣乎！视之而弗见，听之而弗闻，体物而不可遗。使天下之人，齐明盛服①，以承祭祀。洋洋乎！如在其上，如在其左右。《诗》曰：‘神之格思，不可度思，矧可射思。’②夫微之显，诚之不可掩③如此夫！”

【注释】

①齐（zhāi）：同“斋”，斋戒。明：洁净。盛服：即盛装。

②“神之格思”句：引自《诗经·大雅·抑》。格：来临。思：语气词。度：揣度。矧（shěn）：况且。射（yì）：多音字，厌，指厌怠不敬。

③掩：掩盖。

【译文】

孔子说："鬼神的功德那可真是大得很啊！想看却看不见，想听也听不到，但它确实存在于万物之中，让我们无法离开它。但凡信仰的人，都必须斋戒净心，穿戴整齐，最为庄重地去祭祀，真是无所不在啊！它就好像在你的头上，又好像存在于你的左右。《诗经》中也记载着：'神的降临，不能揣测，怎么能够怠慢而有不敬的心思呢？'从隐微到显著，真实的东西根本就不可能掩盖住！"

【读解】

这一章孔子借助对鬼神之说的论述，说明中庸之道无处不在，正面解释了"不可须臾离"的道理。

这一章和前面所说的"君子之道费而隐"的说法遥相呼应，意义广大而又精微。想看都看不见，想听也听不到，可是它却存在于万事万物中，谁都无法离开它。无论是中庸之道还是鬼神，都像空气一样，虽然看不见，听不到，但它是无处不在的，任何人都不可能离开它。

既然我们无法离开，为什么不虔诚地遵奉中庸之道呢？

第十七章

【原文】

子曰："舜其大孝也与！德为圣人，尊为天子，富有四海之内，宗庙飨之[①]，子孙保之。故大德必得其位，必得其禄，必得其名，必得其寿。故天之生物，必因其材[②]而笃[③]焉。故栽者培[④]之，倾者覆[⑤]之。《诗》曰：'嘉乐君子，宪宪令德。宜民宜人，受禄于天。保佑命之，自天申之。'[⑥]故大德者必受命。"

【注释】

①宗庙：古代天子、诸侯祭祀先王的地方。飨（xiǎng）：一种祭祀形式，祭先王。之：代词，指舜。

②材：资质，本性。

③笃：厚，这里指厚待。

④培：培育。

⑤覆：倾覆。

⑥“嘉乐君子”句：引自《诗经·大雅·假乐》。嘉乐：即《诗经》之“假乐”，“假”通“嘉”，意为美善。宪宪：《诗经》作“显显”，显明兴盛的样子。令：美好。申：重申。

【译文】

孔子说：“舜应该算是个最孝顺的人了吧？他在德行方面可以称之为圣人，从地位上来说，也是尊贵的天子，就财富来说，他拥有整个天下。他在宗庙里享受着人民的祭拜，子子孙孙都夸赞着他的功业。所以，品德高尚的人必定能够得到他想要得到的地位，必定可以得到他应该享有的财富，同时还能够得到他应得的名声，以及他应得的长寿。所以，上天生养了万物，一定会根据它们的资质而厚待它们，让能成才的得到良好的培育，不能成才的就只能遭到淘汰。《诗经》中也曾说过：‘高尚优雅的君子，必定会有光明美好的德行，让百姓安居乐业，享受上天赐予的福禄。上天必定保佑他，任用他，对其委以重大的使命。’所以，德行良好的人必定会承受天命。”

【读解】

只要我们注重修身养性以提高德行，“居易以俟命”，必定有一天能受命于天，担当起治国平天下的重任。到那时候，名誉、地位、财富一定都已掌握在手，应有尽有。

由此可见，儒学并不是绝对地排斥功利，只是不提倡急功近利的做法。换句话说，儒学所强调的，就是要修炼自己的内功，讲究修养自身，提高自身的品行，然后顺其自然，获得自己应该获得的一切。

这其实就是中庸之道所倡导的精神——凡事都不能走偏锋，更不能走极端，应该循序渐进，一步一个脚印地往下走。

第十八章

【原文】

子曰："无忧者其惟文王乎！以王季[①]为父，以武王为子。父作[②]之，子述[③]之。武王缵大王、王季、文王之绪[④]，壹戎衣[⑤]而有天下。身不失天下之显名，尊为天子，富有四海之内，宗庙飨之，子孙保之。武王末[⑥]受命，周公成文、武之德，追王大王、王季，上祀先公以天子之礼。斯礼也，达乎诸侯大夫，及士庶人。父为大夫，子为士，葬以大夫，祭以士。父为士，子为大夫，葬以士，祭以大夫。期之丧[⑦]，达乎大夫。三年之丧，达乎天子。父母之丧，无贵贱一也。"

【注释】

①王季：周文王的父亲，名季历，周武王即位后，封他为王季。

②作：开创事业。

③述：继承。

④缵（zuǎn）：继续。大王：太王，即古公亶父，王季的父亲。绪：事业。

⑤壹戎衣：穿上战袍以讨伐商纣。

⑥末：晚年。

⑦期之丧：指一年的守丧之期。

【译文】

孔子说："大概只有周文王是没有忧愁的人吧。他有王季这样的父亲，有周武王这样的儿子。父亲开创了王朝的事业，儿子则继承了王朝的基业。周武王继承了太王、王季、文王的功业，身穿战袍讨伐商纣，最终取得了天下。他自己没有失去播扬天下的美名，被尊为天子，拥有广阔的疆土，社稷宗庙祭祀他，子孙永保周王朝的基业。周武王晚年受天之命，到周公时才成就文王、武王的德业，追尊太王、王季为王，祭祀历代祖先才用天子之礼。而且也将这种礼制推行到诸侯、大夫、士和庶人之中。按照这种礼制，如果父亲的身份是大夫，儿子是士，父亲去世后用大夫之礼安葬，用士之礼祭祀。如果父亲的身份是士，儿子是大夫，父亲去世后就用士之礼安葬，按大夫之礼祭祀。服丧满一年的丧制，遵行者从平民到大夫为止。三年的丧制，从平民一直到天子都要遵行。为父母服丧，不论身份贵贱，期限都一样。”

【读解】

“国之大事，在祀与戎”，本章主要讲的是周王朝先代帝王的事功，与周公制礼作乐的问题，有助于我们了解当时的祭祀制度与守丧制度。

第十九章

【原文】

子曰：“武王、周公，其达孝矣乎！夫孝者，善继人之志，善述人之事者也。春秋修其祖庙，陈其宗器[①]，设其裳衣，荐其时食[②]。宗庙之礼，所以序昭穆[③]也；序爵，所以辨贵贱也；序事，所以辨贤也；旅酬[④]下为上，所以逮贱也；燕毛[⑤]，所以序齿也。践其位，行其礼，奏其乐，敬其所尊，爱其所亲，事死如事生，事亡如事存，孝之至也。郊社之礼，所以事上帝也。宗庙之礼，所以祀乎其先也。明乎郊社之礼、禘尝⑥之义，治国其如示诸掌乎。”

【注释】

①陈其宗器：陈列先人所藏之重器。

②荐期时食：进献时令食物。

③昭穆：古代宗庙中神主排列的次序，一般都是始祖居于中间，以下父子按左昭右穆的顺序排列。

④旅酬：众人举杯劝酒。

⑤燕毛：宴饮时，依照人们头发的颜色来区分长幼的次序。燕，同“宴”。

⑥禘（dì）尝：指代四时祭祀。尝：秋天举行的祭祀。

【译文】

孔子说：“天下人都认为周武王和周公是至孝之人了吧！孝道是指善于继承先祖的遗志，善于继承先祖未完成的功业。春秋祭祀时都会修整家族庙宇，陈列家族重器，摆好先人的衣服，供奉时令食

品。宗庙中的祭祀之礼，是用来序列昭穆辈分的；序列爵位，是用来划分身份贵贱的；祭祀中安排各种职事，是用来考验子孙才能的；祭祀完成后，大家轮流举杯劝酒时，晚辈向长辈敬酒，是用来表明先祖的恩惠泽润到了地位低贱者的身上；祭祀后进行宴饮时，依照头发的颜色来排座位，是用来区分长幼次序的。供奉先王牌位，举行祭礼，演奏先王时代的音乐，尊重他们所尊敬的人，爱护他们所爱护的子孙臣民，侍奉死者和他在世时一样，侍奉亡者和他活着时一样，这就是至孝了。祭祀天地的礼仪，主要用来侍奉上帝。祭祀宗庙的礼仪，主要用来祭祀自己的先祖。懂得了祭祀天地的礼仪，以及四时举行祭祀的意义，治理国家就如同看自己的手掌一样简单明了了。

【读解】

本章主要是谈“至孝”的问题，以及祭祀的意义。通过本章的内容，我们认识到孝的最重要特点是能继承先人的遗志，继续先人的事业。《论语·学而》说：“子曰：‘父在，观其志。父没，观其行。三年无改于父之道，可谓孝矣。’”说的就是这个意思。

后面又提出了能够以孝治天下，治国就像看自己的手掌那样简单明了。《论语·八佾》：“或问禘之说。子曰：‘不知也。知其说者之于天下也，其如示诸斯乎！’指其掌。”正是这一思想。

第二十章

【原文】

哀公[①]问政。子曰：“文武之政，布在方策[②]。其人[③]存，则其政举；其人亡，则其政息[④]。人道敏[⑤]政，地道敏树。夫政也者，蒲卢[⑥]也。故为政在人，取人以身，修身以道，修道以仁。仁者，人也，亲亲为大。义者，宜也，尊贤为大。亲亲之杀[⑦]，尊贤之等，礼所生也。故君子不可以不修身。思修身，不可以不事亲；思事亲，不可以不知人；思知人，不可以不知天。”

天下之达道五，所以行之者三。曰君臣也，

父子也，夫妇也，昆弟[8]也，朋友之交也；五者，天下之达道也。知、仁、勇三者，天下之达德也，所以行之者一也。或生而知之，或学而知之，或困而知之，及其知之一也。或安而行之，或利而行之，或勉强而行之，及其成功一也。子曰："好学近乎知，力行近乎仁，知耻近乎勇。知斯三者，则知所以修身；知所以修身，则知所以治人；知所以治人，则知所以治天下国家矣。"

凡为天下国家有九经[9]。曰：修身也，尊贤也，亲亲也，敬大臣也，体[10]群臣也，子庶民[11]也，来百工[12]也，柔远人[13]也，怀[14]诸侯也。修身则道立，尊贤则不惑，亲亲则诸父昆弟不怨，敬大臣则不眩，体群臣则士之报礼重，子庶民则百姓劝[15]，来百工则财用足，柔远人则四方归之，怀诸侯则天下畏之。

齐明盛服，非礼不动，所以修身也。去谗[16]远色，贱货而贵德，所以劝贤也。尊其位，重其禄，同其好恶，所以劝亲亲也。官盛任使[17]，所以劝大臣也。忠信重禄，所以劝士也。时使薄敛[18]，所以劝百姓也。日省月试[19]，既廪称[20]事，所以劝百工也。送往迎来，嘉善而矜[21]不能，所以柔远人也。继绝世[22]，举废国[23]，治乱持[24]危，朝聘[25]以时，厚往而薄来，所以怀诸侯也。凡为天下国家有九经，所以行之者一也。

凡事豫[26]则立，不豫则废。言前定则不跲[27]，事前定则不困，行前定则不疚，道前定则不穷。

在下位不获乎上，民不可得而治矣。获乎上有道：不信乎朋友，不获乎上矣。信乎朋友有道：不顺乎亲，不信乎朋友矣。顺乎亲有道：反诸身不诚，不顺乎亲矣。诚身有道：不明乎善，不诚乎身矣。

诚者，天之道也；诚之者，人之道也。诚者，不勉而中，不思而得，从容中道，圣人也。诚之者，择善而固执之者也。博学之，审问之，慎思之，明辨之，笃行之。有弗学，学之弗能弗措[28]也；有弗问，问之弗知弗措也；有弗思，思之弗得弗措也；有弗辨，辨之弗明弗措也；有弗行，行之弗笃弗措也。人一能之，己百之；人十能之，己千之。果能此道矣，虽愚必明，虽柔必强。

【注释】

①哀公：春秋时鲁国国君，姓姬，名蒋，“哀”是谥号。

②布：陈列。方：书写用的木板。策：书写用的竹简。

③其人：指周文王、武王。

④息：灭，消失。

⑤敏：勉力，用力，致力。

⑥蒲卢：即芦苇。芦苇性柔而具有可塑性。

⑦杀（shài）：等差。

⑧昆弟：兄和弟，也包括堂兄堂弟。

⑨九经：九条准则。经：准则。

⑩体：体察，体恤。

⑪子庶民：以庶民为子。子：动词。庶民：平民。

⑫来：招来。百工：各种工匠。

⑬柔远人：安抚边远地方来的人。

⑭怀：安抚。

⑮劝：勉励，努力。

⑯谗：说别人的坏话，这里指说坏话的人。

⑰盛：多。任使：足够使用。

⑱时使：指使用百姓劳役有一定时间，不误农时。薄敛：赋税轻。

⑲省：视察。试：考核。

⑳既（xì）：即“饩”，指赠送别人粮食或饲料。廪：给予粮食。称：符合。

㉑矜：怜悯，同情。

㉒继绝世：延续已经中断的家庭世系。

㉓举废国：复兴已经没落的邦国。

㉔持：扶持。

㉕朝聘：诸侯定期朝见天子。每年一见叫小聘，三年一见叫大聘，五年一见叫朝聘。

㉖豫：同“预”。

㉗跲（jiá）：说话不通畅。

㉘弗措：不罢休。弗：不。措：停止，罢休。

【译文】

鲁哀公询问政事。孔子说：“周文王和周武王的政事早已记载在历史典籍上。他们在世时，这些政事就得到了实施；可是他们去世后，这些政事就慢慢废弛了。要知道，治理国家的途径一定是勤于政事；而治理土地的途径则是多种树木。说起来，政事就好像芦苇一样，完全取决于起用什么样的人。要想得到适用的人，最重要的就是修养自己，而修养自己就在于遵循大道，遵循大道则应该讲究仁义。所谓的仁就是爱人，亲爱亲族就是最大的仁。义的最大意义就是事事都做得适宜，尊重贤人就是最大的义。至于说亲爱亲族，必须要注意的就是分亲疏，尊重贤人一定要分等级，这才是礼的要求。所以，君子千万要懂得自我修养。而要想修养自己，一定要学会侍奉亲族；要想侍奉亲族，一定要彻底地了解他人；要想清楚地了解他人，一定要通晓天理。”

要知道，天下人共知的伦常关系共有五项，有三种德行专门用于处理这五项伦常关系。君臣、父子、夫妇、兄弟、朋友，这五项便是所有人共有的伦常关系。而《中庸》里所提倡的智、仁、勇，则是三种常用来处理伦常关系的德行，至于这三种德行的实施，结果毫无区别。比如说，很多人一出生就知道这三种德行，有的人通过后天的学习知道它们，还有一部分人，则在遭遇一些困难后才知道它们。不过，无论是通过哪种方式，只要我们知道了这三种德行，那结果便是一样的了。有的人自觉地去实行它们，而有的人则是为了某种好处才会心甘情愿地实行，还有一部分人勉强地去实行，但无论出于什么目的，只要他们最终都实行起来，结果都是一样的。孔子曾经说过："喜欢学习的人就接近了智，努力实行的人便接近了仁，知道羞耻就离勇不远了。而知道这三点以后，我们便有了自我修养的方式，最终得到管理他人的方法，就能管理国家，平定天下了。"

要想真正地做到这一点，治理天下和国家应该掌握九条最基本的原则，那就是：修养自身，尊崇贤人，亲爱亲族，敬重大臣，体恤群臣，爱民如子，招纳工匠，优待远客，安抚诸侯。所谓的修养自身，就是能确立正道；尊崇贤人便不再受到思想的困惑；亲爱亲族就不会出现家庭的纷争；敬重大臣，那么政府也会互相配合，不再遇事无措；体恤群臣，士人们便会竭力报效；爱民如子，老百姓就会对其忠心耿耿；招纳工匠，财物很快就可以富足；优待远客，四方的百姓就能归顺；安抚诸侯，天下的人都会对其敬畏有加。

像斋戒那样净心虔诚，穿着庄重整齐的衣服，

不符合礼仪的事情坚决不做，这样做的目的就是为了修养自身；驱除小人，疏远女色，重视自己的德行修养，这就是为了尊崇贤人的做法；提高亲族地位，给他们提供丰厚的俸禄，和他们爱憎相一致，该做法完全是为了亲爱亲族；让众官员为他们服务，这样的做法是为显示对大臣的敬重之情；真心诚意地任用他们，并给他们提供较多俸禄，该做法是为了体恤群臣；使用民役却不耽误农时，减免赋税，该做法体现了爱民如子的德行；经常视察考核，按照劳动能力来支付报酬，该做法是为了招纳工匠；来时欢迎，去时欢送，嘉奖那些有才能的人，救济有困难的人，该做法是为了优待远客；延续绝后的家族，复兴灭亡的国家，治理祸乱留下的问题，扶持危难中的民众，按时接受朝见，赠送丰厚的礼品，纳贡菲薄，是为了安抚诸侯。总而言之，无论是治理天下还是治理国家，都要遵循这九条原则，但实行这些原则的道理都是一样的。

无论是什么事情，只要事先做好了预备工作，便能成功；假如没有做好预备，便很可能失败。说话前先做好准备，自然不会中断；做事前有所预备，就不会受到什么挫折；行动前先预备好，就不会有后悔的时候；道路预先选定好，必然不会出现走投无路的情况。

在下位的人，如果得不到在上位的人的信任，就不可能将平民百姓治理好。得到在上位的人的信任有一定的办法：假如不能得到朋友的信任，必然不能得到在上位的人的信任。得到朋友的信任也有办法：假如不能很好地孝顺自己的父母，那么必然不能得到朋友的信任。孝顺父母也有办法：自己不真诚就不可能很好地孝顺自己的父母。使自己真诚也有办法：假如没弄明白什么是善，就不可能让自己真诚。

真诚本是上天的原则，追求真诚就是做人的原则。天生真诚的人，不用勉强就能很自然地做到，不用过多思考就能拥有真诚的心，自然而然便可以符合上天的原则，这样的人我们将其称之为圣人。要想成为一个真诚的人，就要选择一个美好的目标，然后执着地追求：广泛地学习，向有经验的人进行详细询问，经过周密思考，明确辨别，最后切实实行。要么不学，既然学了，如果没有学会就绝不能罢休；要么不问，既然问了，如果没有弄懂，就绝不能罢休；要么不想，既然想了，如果没有想

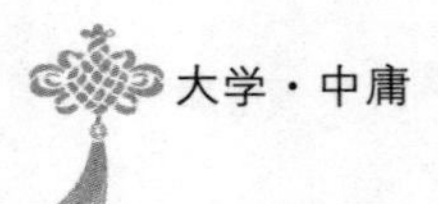

明白，就不能罢休；要么不分辨，既然分辨了，如果没有明确目标，就绝不能罢休；要么不实行，既然实行了，如果看不到成效，就绝不能罢休。别人可能用一分努力就能做到的成就，我们可能需要一百分努力去做；别人用十分的努力就能做到的事，我们就必须用一千分努力去做。如果真能够做到这样，即便愚笨一些，也可以聪明起来，虽然柔弱，最终也能刚强起来。

【读解】

这一章应该算是《中庸》的枢纽篇。此章之前主要是从中庸的方方面面论述中庸之道的普遍性和重要性，而本章则以鲁哀公询问政事作为引子，然后借助孔子的回答，提出了政事和人的修养之间有密切关系，从而推导出我们共有的五项伦常关系以及三种德行和治理天下国家的九条原则，最后又将这个问题落到“真诚”的问题上来，同时还提出了做到真诚的五个具体方面。

从本章以后，中庸之道基本就围绕着“真诚”的问题展开了。

在孔子看来，政治也是有可塑性的。什么样

的人执政，政治就会起到什么样的作用。尧舜禹汤文武执政，于是便出现了仁政之说；纣王执政，于是便出现了酒池肉林；秦始皇执政，便有了焚书坑儒；唐太宗执政，出现了贞观之治。所以，孔子便提出了“为政在人”的观点，用以强调执政者的修养问题。

至于后期提出的五项伦常关系，除了君臣关系外，其他几项都与我们密不可分，不容忽视。至于处理这几项关系的智、仁、勇三种德行，智和仁自然不言而喻，倒是“知耻近乎勇”这一点，值得研究。俗话说：“羞耻之心，人皆有之。”孟子也曾说过：“羞耻之心对于每个人来说都至关重要！喜欢搞阴谋诡计的人不知道什么才是羞耻。他们不以自己不如别人为羞耻的事，也从不思考到底如何做才能够赶超别人。”（《孟子·尽心上》）

中庸之道中关于治理国家的九条原则，无论从哪方面来说，都和《大学》里所强调的修身、齐家、治国、平天下的几个阶段大体相同，而且二者都是实用性的理论。值得特别注意的就是后来提出的“凡事豫则立，不豫则废”的思想。这

和孔子提出的“人无远虑，必有近忧”（《论语·卫灵公》）的思想很相近，都是未雨绸缪，防患于未然的意思，换句话说就是“不打无准备之仗”，做任何事情之前都要做好准备。这一思想具有深刻的哲学内涵，同时也能和我们的实际生活融会贯通，并不仅仅适用于政治范畴。

除了这一点，该章的最后提到如何做到真诚。“择善固执”是纲领，教育我们一旦选定了目标，就应该执着地追求。把“博学、审问、慎思、明辨、笃行”作为根本目的，同时也是实现目标的重要手段。立于“弗措”的精神，“人一能之，己百之；人十能之，己千之”的态度，都是执着追求的一种体现。“弗措”的精神，也就是《荀子·劝学》里的名言“锲而舍之，朽木不折；锲而不舍，金石可镂”的精神；“人一能之，己百之；人十能之，己千之”的态度，也就是俗语中所说的“笨鸟先飞”的办事态度。

只要我们能够抓住这样的纲，张开这样的目，坚持此种精神与态度，那么无论出现什么样的困难都可以克服，无论什么样的成功都可以取得。

总而言之，本章内容丰富而且涵盖范围广泛，几乎涉及《大学》里的方方面面，值得我们重视。

第二十一章

【原文】

自诚明[①]，谓之性；自明诚，谓之教。诚则[②]明矣，明则诚矣。

【注释】

①自：从，由。明：明白。

②则：即，就。

【译文】

由真诚而自然地明白道理，被称作人的天性；由明白道理再到真诚，被称作人为的教育。真诚自然会明白道理，明白道理后自然可以做到真诚。

【读解】

无论是人的本性，还是后天人为的教育，只要我们做到了真诚，那么二者便可以合二为一了。

从另一个角度来看，这里也表达了一种天人合一的思想。

第二十二章

【原文】

唯天下至诚，为能尽其性①；能尽其性，则能尽人之性；能尽人之性，则能尽物之性；能尽物之性，则可以赞天地之化育②；可以赞天地之化育，则可以与天地参③矣。

【注释】

①尽其性：充分发挥本性。

②赞：赞助。化育：化生和养育。

③天地参：与天地并列。参，并列。

【译文】

只有天下极端真诚的人才能充分地发挥出他的本性；只有充分发挥出个人的本性，才能带领着众人发挥出本性；充分发挥出众人的本性，才能发挥出万物的本性；充分发挥出万物的本性，才能帮助天地培育生命；帮助天地培育出生命，就可以与天地并列为三了。

【读解】

真诚的人只有先对自己真诚，才能够对全人类真诚。真诚能够让我们处于和天地并列为三的不朽地位。真诚的功用居然如此之大，那我们又何乐而不为呢？

第二十三章

【原文】

其次致曲[①]，曲能有诚。诚则形[②]，形则著[③]，著则明[④]，明则动，动则变，变则化[⑤]。唯天下至诚为能化。

【注释】

①其次：次一等的人，即次于“自诚明”的圣人的人，也就是贤人。致曲：致力于某一方面。曲：偏。

②形：显露，表现。

③著：显著。

④明：光明。

⑤化：化育。

【译文】

贤人们总是致力于修养自身的某一方面，但其致力于某一方面也能做到真诚。只要做到了真诚就会自然地表现出来，只要表现出来就能逐渐显露。真诚的光芒只要显露了便会发扬光大，发扬光大后就能感动他人，此后自然能引起转变，转变后就可以化育万物。而只有天下最真诚的人才能化育万物。

【读解】

这一章讲述的是贤德的人才。换句话说，圣人是“自诚明”，也就是天生真诚的人；而贤人则是“自明诚”，即通过后天的教育，明白这个道理的人。贤人往往致力于提升自身某一方面的德行，通过教育和修养，通过形、著、明、动、变、化等阶段，一步一步地达到圣人的境界，最终得以化育万物，与天地并列为三。说到底，只要我们努力奋斗，必然可以达到自己的目标。要知道条条道路通罗马，只要不懈努力，一定可以修成正果。由此可见，在劝人真诚的问题上，《中庸》真可谓不遗余力了。

第二十四章

【原文】

至诚之道，可以前知①。国家将兴，必有祯祥②；国家将亡，必有妖孽③。见乎蓍龟④，动乎四体⑤。祸福将至：善，必先知之；不善，必先知之。故至诚如神⑥。

【注释】

①前知：预知未来。

②祯（zhēn）祥：吉祥的预兆。

③妖孽：物类反常的现象。草木之类称妖，虫豸

（zhì）之类称孽。

④见（xiàn）：呈现。蓍（shī）龟：蓍草和龟甲，用来占卜。

⑤四体：手足，指动作仪态。

⑥如神：如神一样微妙，不可言说。

【译文】

极端真诚能够预知未来的事。国家将要兴旺，一定会出现吉祥的征兆；国家即将衰亡，也必然会出现不祥的现象。这些现象很可能呈现在蓍草龟甲上，也有可能表现在手脚动作上。祸福将要来临时，都可以预先知道。所以极端真诚就好像神灵一样微妙。

【读解】

俗话说心诚则灵。灵到可以预知未来的吉凶祸福的程度，那就不是一般人能够达到的境界了。

至于我们所说的“国家将兴，必有祯祥；国家将亡，必有妖孽”的现象，几乎每个朝代的历史中都有所记载。你说它是一种迷信也好，说它是无稽之谈也罢，反正所有的人都对此津津乐道，正统儒学经典中也有所收录，认为这种现象“见乎蓍龟，动乎四体”。

其实，撩开那一层神秘的面纱，这里想表达的意思是，只要我们的心灵不被私心杂念所迷惑，达到至诚的境界，就能轻易地洞悉世间万物的发展规律，因此能够预知未来的吉凶祸福、兴亡盛衰。

第二十五章

【原文】

诚者自成①也，而道自道②也。诚者物之终始，不诚无物。是故君子诚之为贵。诚者，非自成己而已也，所以成物也。成己，仁也；成物，知也。性之德也，合外内之道也，故时措之宜也。

【注释】

①自成：自我成全，也就是自我完善的意思。

②自道：自我。

【译文】

真诚就是品德的自我完善，而所谓的道就是自我引导。真诚是事物的发端和归宿，假如没有真诚，那么就没有了事物。因此，君子大多将真诚作为最尊贵的品质。不过，真诚并不是说只要单纯地自我完善就够了，而是要学会完善事物。自我完善属于仁，完善事物则属于智的范畴。仁和智的完善是出于个人德行的完善，是融合自身与外物的准则，无论在任何时候都应该加以提倡。

【读解】

好学近乎智，力行近乎仁。

这里将我们修养品行中的智、仁和真诚有效地结合起来。因为，真诚从大的方面来说，指的是事物的发展规律，是事物的发端和归宿；从小的方面来说，是我们内心的自我完善。所以，要想修养真诚必须要做到物我同一、天人合一。可是要想做到这一点，就要依靠学习进行理解，同时通过实践的方式来实现。

这里最应该提起注意的就是真诚的外化问题，也就是说，真诚并不仅仅像我们所理解的那样，是一种主观的品质。在自我完善过程中，将这种品质逐渐外化到外物中去，让外物感受到我们的真诚。

假如我们自己真诚了，他人也会对我们真诚相待，那么真诚就无处不在。如果一直这样，世界便能美好无欺了。

说到底，这篇所讲述的重点，还是真诚的奇妙功用。

第二十六章

【原文】

故至诚无息[①]，不息则久，久则征[②]，征则悠远，悠远则博厚，博厚则高明。博厚，所以载物也；高明，所以覆物也；悠久，所以成物也。博厚配地，高明配天，悠久无疆[③]。如此者，不见而章[④]，不动而变，无为而成。

天地之道，可一言[⑤]而尽也：其为物不贰[⑥]，则其生物不测。天地之道：博也，厚也，高也，明也，悠也，久也。今夫天，斯昭昭[⑦]之多，及其无穷也，日月星辰系焉，万物覆焉。今夫地，一撮土之多，及其广厚，载华岳[8]而不重，振[9]河海而不泄，万物载焉。今夫山，一卷石[10]之多，及其广大，草木生之，禽兽居之，宝藏兴焉。今夫水，一勺之多，及其不测[11]，鼋、鼍、蛟、龙、鱼、鳖生焉，货财殖焉。

《诗》云："维天之命，於穆不已！"[12]盖曰天之所以为天也。"於乎不显，文王之德之纯！"盖曰文王之所以为文也，纯亦不已。

【注释】

①息：止息，休止。

②征：显露于外。

③无疆：无穷无尽。

④见：显现。章：即彰，彰明。

⑤一言：即一字，指"诚"字。

⑥不贰：诚是忠诚如一，所以不贰。

⑦斯：此。昭昭：光明。

⑧华岳：即华山。

⑨振：通"整"，整治，引申为约束。

⑩一卷石：一拳头大的石头。卷：通"拳"。

⑪不测：不可测度，指浩瀚无涯。

⑫“维天之命”句：出自《诗经·周颂·维天之命》。维：语气词。穆：深远。不已：无穷。

【译文】

所以，极端真诚是没有止息的。没有止息即可以保持长久，保持长久才能显露出来。真诚只有显露出来，才能悠久，悠久便可以广博深厚，广博深厚才能高大光明。广博深厚的最大作用就是承载万物；高大光明的作用则是覆盖万物；悠远长久的作用就是生成万物。广博深厚才能与地相比，高大光明才能与天相比，悠远长久则可以永无止境。达到了这样的境界，即便不显现也能很明显，即便没有活动也会有所改变，无所作为也能有所成就。

其实，天地间所有的法则，都可以用一个“诚”字进行概括：诚本身就专一不二，所以孕育出不可估量的万物。大地的法则，就是广博、深厚、高大、光明、悠远、长久。今天我们所讲述的天，原本就是由一点点的光明聚积起来的，可等到它无边无际时，日月星辰又需要靠它维系，能够覆盖世间万物。今天我们所谈论的地，原本不过就是由一撮一撮的土聚积起来的，可等到它逐渐广博而深厚时，便成了像华山那样高大巍峨的崇山峻岭，可以容纳众多的江河湖海，能够承载世间万物。今天我们所讲述的山，原本不过就是一块一块拳头大小的石块，通过长年累月的积累，最终聚积成高大无比的山。草木在上面茂盛地生长，禽兽在上面居住，还有可能储藏着各种宝藏。今天我们讲述的水，原本是一勺一勺的水最终聚积到一起，形成了浩瀚无涯的河流和江海，蛟龙鱼鳖都能在里面生长，珍珠珊瑚等珍贵物品也在里面繁殖。

《诗经》中说："天命多么深远啊，永远无穷无尽！"这大概就是天之所以为天的原因吧。"如此看来，多么显赫光明啊，文王的品德更是纯真无二！"这大概也是文王之所以被称为文王的原因吧。纯真根本毫无止境。

【读解】

生命不息，真诚不止。这是儒学修身养性的根本要求。这种品德不仅不能隐藏，而且还要显露发扬出来，使其达到悠远长久、广博深厚、高大光明的地步，从而能够承载万物，覆盖万物，生成万物。这便是天地间万物生息的法则。也就是说，每个人都需要有真诚的追求，最终才能达到与天地并列为三的终极目的。这就让人不免联想到诗人屈原在《橘颂》里的咏叹："秉德无私，参天地兮！"实质上这是一种巨人哲学，也可以说是一种英雄主义。

第二十七章

【原文】

大哉圣人之道！洋洋①乎！发育万物，峻极于天。优优②大哉！礼仪③三百，威仪④三千。待其人⑤而后行。故曰苟不至德⑥，至道不凝⑦焉。故君子尊德性而道问学⑧，致广大而尽精微，极高明而道中庸。温故而知新，敦厚以崇礼。是故居上不骄，为下不倍⑨。国有道其言足以兴，国无道其默足以容⑩。《诗》曰："既明且哲，以保其身。"⑪其此之谓与？

【注释】

①洋洋：盛大，浩瀚无边。

②优优：充足有余。

③礼仪：古代礼节的主要规则，又称经礼。

④威仪：古代典礼中的动作规范及待人接物的礼节，又称曲礼。

⑤其人：指圣人。

⑥苟不至德：如果没有极高的德行。苟：如果。

⑦凝：凝聚，引申为成功。

⑧问学：询问，学习。

⑨倍：通“背”，背弃，背叛。

⑩容：容身，指保全自己。

⑪“既明且哲，以保其身”：引自《诗经·大雅·烝民》。哲：智慧，指通达事理。

【译文】

伟大啊，圣人的道！浩瀚无边，万物休养生息，与天一样崇高；充足有余，礼仪三百条，威仪三千条。这些都等待着圣人实行。所以说，如果不是德行极高的人，就不可能成就极高的道。因此，君子既尊崇道德修养又追求知识，达到了广博的境界反而再次钻研那些细微之处，洞察一切之后又重新奉行中庸之道，不断温习已有的知识以此来获得新知识，诚心诚意地崇奉礼节。因此有德行的人身居高位而不骄傲，处于低位却不自弃。当国家政治清明时，有德行的人的言论足以振兴国家；当国家政治黑暗时，他的沉默足以保全自己。《诗经》中也记载着："既明智又通达事理，可以保全自身。"大概说的就是这个意思吧?

【读解】

这一章仍然盛赞圣人的处世之道，在此基础上提出了两个更深层次的重要问题。

首先就是修养德行以适应圣人之道的问题。众所周知，德行不够，就不可能成就极高的道，所以君子应该"注重自身的道德修养而追求知识学问，等到知识达到广博境界也不放弃对精微之处的钻研，洞察一切同时也会奉行中庸之道，温习自己已经学到的知识以此来获得新知识，诚心诚意地尊崇礼节法律"。

朱熹认为，这五句话"大小相资，首尾呼应"，基本上贯穿了圣贤的主要精神，要求学者们专心地进行研习。其实，这五句话所论证的不外乎尊崇道德修养和追求知识学问这两个方面，用现在的话来说，那就是“德育”和“智育”的问题。

假如我们有了德、智两方面的修养，是否就真正地实现圣人之道了呢？问题当然没有这么简单。修养是我们主观方面的准备，要想实现圣人之道，就需要“居上不骄，为下不倍”，也就是说即便身居高位也不能骄傲，处于低位也不能自弃，要有“富贵不能淫，贫贱不能移，威武不能屈”（《孟子·滕文公下》）的大丈夫气概。至于所谓的“国有道其言足以兴，国无道其默足以容”的态度，则与孟子所宣传的“穷则独善其身，达则兼善天下”（《孟子·尽心上》）的思想一脉相承，都是对现实政治的一种处置和适应。反过来说，这也是一种安身立命、进退仕途的艺术手段。所以，归根结底，我们还是应该“既明且哲，以保其身”。当然，说起来容易，做起来可没那么容易了。唐代大诗人白居易曾经说过：“明哲保身，进退始终，不失其道，自非贤达，孰能兼之？”（《杜佑致仕制》）宋代的陆游更是直截了当地感叹：“信乎明哲保身之难也！”（《跋范文正公书》）

第二十八章

【原文】

子曰："愚而好自用①，贱而好自专②，生乎今之世，反③古之道。如此者，灾及其身者也。"

非天子，不议礼，不制度④，不考文⑤。今天下车同轨，书同文，行同伦⑥。虽有其位，苟无其德，不敢做礼乐焉；虽有其德，苟无其位，亦不敢作礼乐焉。

子曰："吾说夏礼⑦，杞不足征⑧也；吾学殷礼⑨，有宋⑩存焉；吾学周礼⑪，今用之，吾从周。"⑫

【注释】

①自用：凭自己主观意图行事，自以为是，不听别人的意见，即刚愎自用的意思。

②自专：独断专行。

③反：通"返"，回复的意思。

④制度：在这里作动词用，指制订法度。

⑤考文：考订文字规范。

⑥车同轨，书同文，行同伦：车子的轮距一致，字体统一，伦理道德相同。这种情况是秦始皇统一六国后才出现的，据此可知《中庸》有些章节的确是秦代儒者所增加的。

⑦夏礼：夏朝的礼制。

⑧杞：国名，传说周武王封夏禹的后代于此，故城在今河南杞县。征：验证。

⑨殷礼：殷朝的礼制。商朝从盘庚迁都至殷（今河南安阳）到纣亡国，一般称为殷代，整个商朝也称商殷或殷商。

⑩宋：国名，商汤的后代居于此，故城在今河南商丘县南。

⑪周礼：周朝的礼制。

⑫以上这段话散见于《论语·八佾（yì）》《论语·为政》。

【译文】

孔子说：“愚昧却总是自以为是，卑贱却喜欢独断专行，出生在现在的时代却总是幻想着回到古时。这样的做法，必定会招致灾祸。”

不是天子就不要总是想着订立礼仪，也不用考虑制定法度的问题，更不必考订文字规范。要知道，现在全天下的车子的轮距几乎一致，文字也早已统一，伦理道德更是相差无几。虽然有相应的地位，但如果德行不一致，根本不可能制定出相应的礼乐制度；即便有相应的德行，假如地位不一致，也不可能制定出合适的礼乐制度。

孔子曾经说过："我所谈论的夏朝的礼制，夏的后裔杞国根本不可能对其进行验证；我学习过殷朝的礼制，但殷的后裔宋国仍然残存着它；我学习过周朝的礼制，到现在仍然延续，所以我遵从周的礼节。"

【读解】

本章承接上一章，论述了"为下不倍（背）"的思想，反对自以为是、独断专行的做法，当然也有"不在其位，不谋其政"（《论语·泰伯》）的意思。归根结底，本章所讲述的仍然是素位而行，安分守己。此外有一点我们要特别注意，这里所引述的孔子的话否定了那种"生乎今之世反古之道"的人。这与平时孔子所主张的“克己复礼”的思想看起来好像有些冲突，但事实上，“克己复礼”中孔子所讲述的，恰好就是今天所延续的“周礼”，而不是“古之道”的夏礼或者殷礼。因为夏礼已经没有任何参考价值，而殷礼虽然在宋国残存，但已经成为过去式了。

第二十九章

【原文】

王天下有三重焉①，其寡过矣乎！上焉者②，虽善无征，无征不信，不信民弗从。下焉者③，虽善不尊，不尊不信，不信民弗从。

故君子之道，本诸身，征诸庶民，考诸三王④而不缪，建⑤诸天地而不悖，质⑥诸鬼神而无疑，百世以俟⑦圣人而不惑。质诸鬼神而无疑，知天也；百世以俟圣人而不惑，知人也。是故君子动而世为天下道⑧，行而世为天下法，言而世为天下则。远之则有望⑨，近之则不厌。

《诗》曰："在彼无恶，在此无射。庶几夙夜，以永终誉。"[10]君子未有不如此而蚤[11]有誉于天下者也。

【注释】

①王天下有三重焉：王：作动词用，王天下即在天下做王的意思，也就是统治天下。三重：指上一章所说的三件重要的事：议礼、制度、考文。

②上焉者：指在上位的人，即君王。

③下焉者：指在下位的人，即臣下。

④三王：指夏、商、周三代君王。

⑤建：立。

⑥质：质询，询问。

⑦俟（sì）：待。

⑧道：通"导"，先导。

⑨望：威望。

⑩"《诗》曰"句：引自《诗经·周颂·振鹭》。射：《诗经》本作"斁"，厌弃的意思。庶几：几乎。夙夜：早晚。

⑪蚤：即"早"。

【译文】

作为一国的君主，要想治理好天下，只要做好议订礼仪、制定法度、考订文字规范这三件最为重要的事，应该就不会有太大的过失了吧！居于上位的人，虽然行为很好，但假如没有验证的话，那么就很难使人信服。假如他人不信服，那老百姓必然不会听从。居于下位的人，虽然行为很好，但因其地位并不尊贵，因此也不可能使人信服，这样的话，老百姓也不会听从。

所以作为一国之君，治理天下应该以修养自身德行作为根本，并且从老百姓那里得到验证。我们考查了夏、商、周三代先王的做法，发现没有人背离这个道理，因此三国才能立于天地之间没有出现什么差错，百世之后，圣人对其当时的做法也没有任何质疑的地方。要知道，贤明君王的举止能世世代代成为天下的先导，当时的行为能世世代代成为天下的法度，语言能成为天下的准则。在远处有威望，在近处也不会让人厌恶。

《诗经》中有言：“在那里没有人憎恶，在这里也不会有人厌烦，日日夜夜操劳，就为了能够保持一个美好的名望。”几乎所有的君王都要这样做，才能早早地在天下获得名望。

【读解】

本章内容承接“居上不骄”的意思，强调为政的管理者要身体力行，不仅要有好的德行修养，而且还要进行实践验证，这样才能取信于民，让百姓听从命令。只有这样，为政者才能真正做到“远之则有望，近之则不厌”。

从理论上来讲，这一章所强调的就是注重实践的观点。“本诸身，征诸庶民”，说的就是要以自身的德行为根本，并且从老百姓那里得到验证。这就是主客观的结合，理论与实践的统一，最终用客观实践来检验自己的理论和做法是否符合老百姓的利益与需求。

当然，这里也蕴含着儒学家对伟大与崇高的向往和对不朽的渴望，同时也成为中国古代知识分子立德建功的不朽追求。

第三十章

【原文】

仲尼祖述[①]尧、舜，宪章[②]文、武，上律天时，下袭[③]水土。辟如天地之无不持载，无不覆帱[④]，辟如四时之错行[⑤]，如日月之代明[⑥]。万物并育而不相害，道并行而不相悖。小德川流，大德敦化[⑦]。此天地之所以为大也！

【注释】

①祖述：效法、遵循前人的行为或学说。

②宪章：遵从，效法。

③袭：与上文的“律”近义，都是符合的意思。

④覆帱（dào）：覆盖。

⑤错行：交错运行，流动不息。

⑥代明：交替光明，循环变化。

⑦敦化：使万物敦厚纯朴。

【译文】

孔子继承了尧、舜的思想，将周文王和武王作为典范，上遵循天时，下符合地理。就像天地那样，几乎没有什么是不能承载的，也没有什么是不可以覆盖的。就好像四季的交错运行，日夜的交替。万物一起生长却又不互相妨害，道路同行却不互相冲突。小的德行就好像河水一样川流不息，大的德行包容万物，使其敦厚纯朴。这就是天地的伟大之处啊！

【读解】

天地的伟大之处，就是孔子的伟大之处。因为孔子的德行可与天地比肩，与日月同辉。

本章继续将孔子作为典范，夸赞他的德行，为后世学者塑造了一个伟大、崇高而又不朽的形象，使其能够流芳百世，成为后世之人争相学习的楷模。

从《中庸》这本书的结构来看，这也是从理论到实践的过程，中庸之道将其方方面面的阐述最终落实到一个可供大家学习的榜样身上。

第三十一章

【原文】

唯天下至圣，为能聪明睿知，足以有临也；宽裕温柔，足以有容也；发强刚毅，足以有执[①]也；齐庄中正[②]，足以有敬也；文理密察，足以有别也。溥[③]博渊泉，而时出之。溥博如天，渊泉如渊。见而民莫不敬，言而民莫不信，行而民莫不说。是以声名洋溢乎中国，施及蛮貊[④]。舟车所至，人力所通，天之所覆，地之所载，日月所照，霜露所队[⑤]，凡有血气者，莫不尊亲。故曰配天。

【注释】

①执：固守。

②齐庄中正：形容礼仪整洁庄重，中和正直。

③溥：周遍。

④蛮貊（mò）：中国古代两个边远少数民族的称呼，南蛮北貊。

⑤队：通“坠”，坠落。

【译文】

只有天底下最圣明的人，聪明睿智，足以治理天下；博大宽舒，温和柔顺，足以包容天下；奋发图强，刚健坚毅，足以决断天下事；整洁庄重，中和正直，足以兢兢业业；文理密察，足以辨别是非曲直。至圣之人的道德广博深邃，能随时表现出来。博大如天空，深沉如渊潭。他出现之后，百姓没有不敬重他的；他所说的话，百姓没有不相信的；他的行为，百姓没有不喜欢的。因此他的名声在中原地区被广泛流传，甚至传播到了边远的少数民族地区。凡是车船所到之处，人力通达之所，天所覆盖，以及地所承载的地方，日月能照耀到的地方，霜露所降落的地方，凡是有血气的人，都尊敬他爱戴他，所以说，至圣之人的美德可以匹配于天。

【读解】

本章讲了至圣之人的内涵，主要包括“聪明睿知”“宽裕温柔”“发强刚毅”“齐庄中正”“文理密察”五项。这也是对上位之人提出的人格要求，做一个道德最高尚的人，品行最明诚的人，见识最通达的人。虽然这些品行说起来容易，做起来难，但唯有保持“虽不能至，心向往之”的想法，日就月将，一点点精进，总会取得属于自己的成就。

第三十二章

【原文】

唯天下至诚，为能经纶①天下之大经，立天下之大本，知天地之化育。夫焉有所倚？肫肫②其仁，渊渊③其渊，浩浩其天。苟不固④聪明圣知达天德者，其孰能知之？

【注释】

①经纶：治理。

②肫肫（zhūn）：诚恳。

③渊渊：静而深。

④固：确实。

【译文】

只有天下最真诚的人，才能掌握治理天下的大道，建立天下的大根本，知道天地化生养育万物的道理。除了“至诚”还有什么倚靠呢？至诚之人，他的仁心是那样诚恳，他的思想深沉像那潭水，他的心胸宽广像那天空。如果不是实在聪明睿智、通晓天德的人，有谁还能知道这个道理呢？

【读解】

至圣之人必须是至诚的，有渊深的操守，有笃实的德行，正如本章中所说的，至诚之人，他的心诚恳忠厚，像深潭之水一样深静，像苍茫的昊天一样广博，这样崇高的道德自然可以无须依赖任何外物，独自挺立于天地之间。

第三十三章

【原文】

《诗》曰：“衣锦尚絅。”[①]恶其文之著也。

故君子之道，暗然[2]而日章；小人之道，的然[3]而日亡。君子之道，淡而不厌，简而文，温而理，知远之近，知风之自，知微之显，可与入德矣。

《诗》云："潜虽伏矣，亦孔之昭！"[4]故君子内省不疚，无恶于志。君子之所不可及者，其唯人之所不见乎？

《诗》云："相在尔室，尚不愧于屋漏。"[5]故君子不动而敬，不言而信。

《诗》曰："奏假无言，时靡有争。"[6]是故君子不赏而民劝，不怒而民威于𫓧钺[7]。

《诗》曰："不显惟德，百辟其刑之。"[8]是故君子笃恭而天下平。

《诗》云："予怀明德，不大声以色。"[9]子曰："声色之于以化民，末也。"

《诗》曰："德輶如毛。"[10]毛犹有伦[11]，"上天之载，无声无臭。"[12]至矣！

【注释】

①衣（yì）锦尚䌹（jiǒng）：引自《诗经·卫风·硕人》。衣：此处作动词用，指穿衣。锦：指色彩鲜艳的衣服。尚：加。䌹：同"褧"，用麻布制的罩衣。

②暗然：隐藏不露。

③的（dì）然：鲜明，显著。

④潜虽伏矣，亦孔之昭：引自《诗经·小雅·正月》。孔：很。昭：《诗经》原作“沼”，意为明显。

⑤相在尔室，尚不愧于屋漏：引自《诗经·大雅·抑》。相：注视。屋漏：指古代室内西北角设小帐的地方。相传是神明所在，所以这里是以屋漏代指神明。不愧屋漏喻指心地光明，不在暗中做坏事，起坏念头。

⑥奏假无言，时靡有争：引自《诗经·商颂·烈祖》。奏：进奉。假（gé）：通“格”，即感通，指诚心能与鬼神或外物互相感应。靡：没有。

⑦铁（fū）钺（yuè）：古代执行军法时用的斧子。

⑧不显惟德，百辟其刑之：引自《诗经·周颂·烈文》。不显：即大显。不：通“丕”。辟：诸侯。刑：通“型”，示范，效法。

⑨予怀明德，不大声以色：引自《诗经·大雅·皇矣》。声：号令。色：容貌。以：与。

⑩德辎如毛：引自《诗经·大雅·杰民》。辎（yóu）：古代一种轻便车，引申为轻。

⑪伦：比。

⑫上天之载，无声无臭：引自《诗经·大雅·文王》。臭：气味。

【译文】

《诗经》中说："身穿锦绣衣服，外面罩件套衫。"这样的做法是为了避免里面的锦衣花纹显露过多，所以，君子的道百般隐藏却日益彰显，而个人的道显露无遗反而日益消亡。君子的道，平淡而意味深长，简略而文采奕奕，温和而条理清晰，由近知远，由风就能知源，由微知显，这样，就能进入道德的最高境界了。

《诗经》中也记载着："潜藏虽然很深，但也会很明显。"所以君子总是自我反省而毫无愧疚，从来不在心中积存什么恶念头。君子的德行之所以比一般人高，大概就在于这些别人看不见的地方吧?

《诗经》中说："当你自己独处一室的时候，是不是能无愧于心地对着神明。"所以，君子无论在什么时候，做什么事情都是恭恭敬敬的，即便没有对他人说任何话，也足以让人信服。

《诗经》中还说："进奉一定要诚心，这样才能感动神灵。肃穆无言，没有任何争执。”所以，君子不用给他人过多赏赐，老百姓也会对其尊敬有礼；不用发怒，老百姓自然也会有所畏惧。

《诗经》中说：“弘扬那德行啊，诸侯们都来效法。”所以，君子笃实恭敬就能够保证天下太平。

《诗经》中记载：“我心中拥有光明的品德，根本不需要厉声厉色。”孔子说：“用厉声厉色的方式教育百姓，是统治者最拙劣的行为。”

《诗经》中说：“德行轻如毫毛。”轻如毫毛还是有物可比拟。“上天所承载的，既没有声音也没有气味。”这才是德行的最高境界啊！

【读解】

空气本身无声无色无味，谁都看不到，听不到，自然也嗅不出它的气味，可是谁都不可能离开它。德行如果能到达这种境界，当然也是最高的境界了。

除了这种至高境界外，还有次一等的境界，这就是“轻如毫毛”的境界。借用诗圣杜甫的诗，可以解释为“好雨知时节，当春乃发生。随

风潜入夜，润物细无声”（《春夜喜雨》）的境界。这种境界，就好像和风细雨，沁人心脾，很自然地就会进入人的肺腑，使人在潜移默化中受到感染。这大概就是圣人的境界吧。

当然，除了以上两种境界外，还有那种声色俱厉的疾风骤雨式的做法，这种强制性的劳动改造的方法，就好像孔子所说的那样：“末也！”根本谈不上什么境界，只不过是一种不得已的情况下用到的手段罢了。

本章作为《中庸》的结尾，重在强调德行的实施。从天理到人道，从知到行，从理论到实践，从“君子笃恭”到“天下平”，既论述了中庸之道中独有的德行观点，也是与《大学》相呼应的人生进修过程，而且对《中庸》全篇的宗旨进行了概括。因此，这段文字既有史实作为论证，同时又引申发挥。难怪朱熹在《中庸章句》的末尾大发感叹：“这样的反复叮咛，在多么深切地教育我们啊，既然如此，我们为什么不能用心去钻研体会呢？”

附 录

朱熹《中庸章句序》

【原文】

中庸何为而作也？子思子忧道学之失其传而作也。盖自上古圣神继天立极，而道统之传有自来矣。其见于经，则“允执厥中”者，尧之所以授舜也；“人心惟危，道心惟微，惟精惟一，允执厥中”者，舜之所以授禹也。尧之一言，至矣，尽矣！而舜复益之以三言者，则所以明夫尧之一言，必如是而后可庶几也。

盖尝论之：心之虚灵知觉，一而已矣。而以为有人心、道心之异者，则以其或生于形气之私，或原于性命之正，而所以为知觉者不同，是以或危殆而不安，或微妙而难见耳。然人莫不有是形，故虽上智不能无人心，亦莫不有是性，故虽下愚不能无道心。二者杂于方寸之间，而不知所以治之，则危者愈危，微者愈微，而天理之公卒无以胜夫人欲之私矣。精则察夫二者之间而不杂也，一则守其本心之正而不离也。从事于斯，无少间断，必使道心常为一身之主，而人心每听命焉，则危者安、微者著，而动静云为自无过不及之差矣。

夫尧、舜、禹，天下之大圣也。以天下相传，天下之大事也。以天下之大圣，行天下之大事，而其授受之际，丁宁告戒，不过如此。则天下之理，岂有以加于此哉？自是以来，圣圣相承：若成汤、文、武之为君，皋陶、伊、傅、周、召之为臣，既皆以此而接夫道统之传，若吾夫子，则虽不得其位，而所以继往圣、开来学，其功反有贤于尧舜者。

然当是时，见而知之者，惟颜氏、曾氏之传得其宗。及曾氏之再传，而复得夫子之孙子思，则去圣远而异端起矣。子思惧夫愈久而愈失其真也，于是推本尧舜以来相传之意，质以平日所闻父师之言，更互演绎，作为此书，以诏后之学者。盖其忧之也深，故其言之也切；其虑之也远，故其说之也详。其曰“天命率性”，则道心之谓也；其曰“择善固执”，则精一之谓也；其曰“君子时中”，则执中之谓也。世之相后，千有余年，而其言之不异，如合符节。历选前圣之书，所以提挈纲维、开示蕴奥，未有若是之明且尽者也。

自是而又再传以得孟氏，为能推明是书，以承先圣之统，及其没而遂失其传焉。则吾道之所寄不越乎言语文字之间，而异端之说日新月盛，以至于老佛之徒出，则弥近理而大乱真矣。然而尚幸此书之不泯，故程夫子兄弟者出，得有所考，以续夫千载不传之绪；得有所据，以斥夫二家似是之非。

盖子思之功于是为大，而微程夫子，则亦莫能因其语而得其心也。惜乎！其所以为说者不传，而凡石氏之所辑录，仅出于其门人之所记，是以大义虽明，而微言未析。至其门人所自为说，则虽颇详尽而多所发明，然倍其师说而淫于老佛者，亦有之矣。

熹自蚤岁即尝受读而窃疑之，沈潜反复，盖亦有年，一旦恍然似有以得其要领者，然后乃敢会众说而折其中，既为定著《章句》一篇，以俟后之君子。而一二同志复取石氏书，删其繁乱，名以《辑略》，且记所尝论辩取舍之意，别为《或问》，以附其后。然后此书之旨，枝分节解、脉络贯通、详略相因、巨细毕举，而凡诸说之同异得失，亦得以曲畅旁通，而各极其趣。虽于道统之传，不敢妄议，然初学之士，或有取焉，则亦庶乎行远升高之一助云尔。

淳熙己酉春三月戊申，新安朱熹序

【译文】

《中庸》为什么而写的呢？子思（孔子的嫡孙）担心“道学”会失传才写了《中庸》这本书。大概从上古时候的先圣帝王继承天命建立极理开始，道统便已经流传下来了。这些都被记录在了经书上，“言行符合中庸之道”，这是尧帝给舜帝说过的话；“人心，道心，只有精微专一了，才能够坚守中庸之道”，这是舜帝给禹帝说过的话。尧帝的话，已经将道理说得非常清楚了！舜帝又增加了三句话，也是为了进一步对尧帝的话做说明，必须这样做才能够真正理解“道”的精髓之处。

我尝试着将其总结为：心是空虚的，灵是有知觉的，每个人只有一个心。可是也有人将人心、道心区分开来，这是因为人心生于个人形体气质，道心源于人性命中的正理，由此才造成人的知见和觉悟有所不同，人心无法识别就会感觉危险而不安，道心无法识别是因为其精微很难显现的缘故。只是人都是有形体的，所以即便是上等智慧的人也不能没有人心，人也都是有“性”的，所以即便是最愚昧的人也不能没有道心。这两者就存在于方寸之间，而不知道怎样治理的人，危险的就会越来越危险，精微的就会越来越精微，那么天下的公理就无法战胜个人的私欲了。精心观察这两者就会发现它们并没有什么不同，专一则能够坚守自己的本心正道而不偏离。长时间坚持下去，一点都没有间断，一定能够让道心成为一个人的最主要方面，那么人心就会听命于道心，这样危险就会转为安全，精微的地方也会凸显出来，在动静之间做事情说话都不会有太大的偏差了。

尧帝、舜帝、禹帝是天下间的大圣人。用天下最高的地位传承，这可是天下间最大的事情。用天下圣人相传，并且做天下的大事，在彼此传承的时候，还不忘告诫，所说也不过如此了。天下间的道理，难道还有比这更加深刻的吗？从道出现以来，圣人与圣人之间相传承，其中有商汤、周文王、周武王这样的贤明君主，有像皋陶、伊尹、傅说、周公、召公这样贤能的臣子，都是以这样的方式得到了道统的真传。像我们的孔子，虽然没有得到他们那样的地位，可他继承了圣人的道统并开创了后人学习的道路，他的功劳要比尧帝、舜帝这样的贤者更大。

可是那个时候，见到“道”而又能够知“道”的，只有颜氏、曾氏两个人，他们真正领悟到“道”的精髓。接着曾氏再继续往后传，便到孔子的孙子子思那里。在子思那个时代，学界已远离了孔子的圣学之道，一些异端邪说兴起了。子思担心时间越久就越失去道统的真谛，所以才根据尧帝、舜帝相传的本来之意，来质疑平日里从父亲和老师那里听来的言语，相互演绎，著成了这本书，以这种方式来昭告后来的学者。又因为子思的忧虑很深，所以他的言语也比较深切；他忧虑得很远，他的说法也比较详细。他说“天命率性”，也就是所谓的“道心”；他说“择善固执”，讲述的便是“精一”的问题；他说“君子时中”，就是所谓的“执中”。子思去世之后，距离现在已经有一千多年，可他的言论并没有什么差别，好像符节一样正确。纵观所有前代圣人的书籍，能够做到纲目清晰、思想深刻、说明详细的书目并不多见，这算是其中的一本。

后来这本书又传到了孟子那里，在孟子那里这本书又得到进一步的说明和推广，以此来传承先圣的道统，只是孟子去世之后这本书便逐渐湮没而致使道统失去了传承。道的寄托无外乎是一些言语文字，可是异端之说日新月异、手法众多，致使老子之学和佛学的教徒们无处不在，看着和道理相近实际上已经扰乱真理了。值得庆幸的是这本书还没有完全泯灭，所以才有了程氏兄弟这样的继承者，对道统进行详细考究，让断了千年的道统得以延续；并且以这本书为论据，反驳老学、佛学两家是非不明的谬论。

从这一点来看，子思的功劳是非常大的，但是如果没有程氏兄弟，后人还是无法从子思的言语中体会到他的心境。说起来实在可惜，程氏兄弟的学说之所以没有流传下来，是因为石氏所辑录的那些资料，仅仅出自程氏兄弟的门人之手，这样虽然大义还在，可是精微之处的言论并没有解析清楚。他的门人往往自圆其说，虽然讲解比较详细但大都是自己发明和发挥的，背离了程氏兄弟学说的目的而沾染了老学、佛学的言论，书中也有这样的解释。

我从小在父辈们的引导下研习这本书，心里生了很多疑惑，多年来，我一直反复思索研究，恍然间似乎已经得到这本书的要领，所以才敢从各家学说的融汇中选取合适的观点，写出了这一篇《章句》，以此来等候后来的学者们指正。有一两个志趣相投的人拿来了石氏的书籍，删掉了其中繁杂错乱的地方，改名字为《中庸辑略》，并且将那些辩论取舍的文章全部记录下来，另外编成了一篇，为《中庸或问》，这篇就附在书的后面。然后这本书的宗旨，枝节分开、融会贯通、详略得当、巨细皆有，凡是诸说中所讲到的异同得失，也都可以从婉转曲折中得以贯通，极尽其中的趣味。虽然对于道统的传承来说，我不敢随便地议论，可是对于初学者来说，或者会有有用的地方，也或许有益于他们在人生道路上攀登和远行。

淳熙己酉春三月戊申，新安朱熹序